Edmund Hoffmann

Die Psychologie Friedrich Adolf Trendelenburgs

Edmund Hoffmann

Die Psychologie Friedrich Adolf Trendelenburgs

ISBN/EAN: 9783743647329

Hergestellt in Europa, USA, Kanada, Australien, Japan

Cover: Foto ©Thomas Meinert / pixelio.de

Weitere Bücher finden Sie auf **www.hansebooks.com**

Die Psychologie
Friedrich Adolf Trendelenburgs.

Inaugural-Dissertation
der
hohen philosophischen Fakultät der Universität Greifswald

zur

Erlangung der Doktorwürde
vorgelegt

und nebst den beigefügten Thesen

Dienstag, 8. März, Vormittags 10 Uhr
öffentlich verteidigt

von
Edmund Hoffmann
aus Grossenhain.

Opponenten:

Herr cand. phil. Leimbach.
Herr cand. phil. Pischke.

GREIFSWALD.
Druck von F. W. Kunike.

Meinem Vater

Friedrich Ernst Hoffmann,
weil. Oberlehrer in Grossenhain,

und

meinem väterlichen Freunde

Robert Geibelt,
weil. Stadtgutsbesitzer in Pirna,

in treuem Gedenken.

Einleitung.

Trendelenburgs Namen hat einen guten Klang in philosophischen Kreisen als trefflicher Kritiker Hegels und Herbarts und als scharfsinniger Interpret aristotelischer Philosophie. Auch da, wo er Eigenes bietet, erkennt man willig und gern die Tiefe und den Ernst seines Forschens an, und doch sind es nur wenige, die ihm hier folgen und seinem Systeme anhangen. Wer Trendelenburgs Voraussetzung teilt, dass Denken und Sein (Erkennen und Welt) in scharfer Geschiedenheit einander gegenüberstehen, der wird zugeben müssen, dass sein Lösungsversuch des erkenntnistheoretischen Problems ein sehr beachtenswerter ist. Aber gerade die Voraussetzung ist es, gegen welche wir Einspruch erheben. Die Überzeugung von der Identität des Seienden und Bewusst-Seienden, welche sich immer weitere Geltung verschafft, muss all den Systemen den Boden entziehen, welche sie leugnen. Ist daher auch nicht zu erwarten, dass seine Lehren einen erneuten Einfluss gewinnen, so hat ihm doch seine weitreichende Wirksamkeit als akademischer Lehrer und philosophischer Schriftsteller, die er durch mehrere Dezennien ausgeübt, einen ehrenvollen Platz in der Geschichte der philosophischen Bewegung unseres Jahrhunderts gesichert. Dies rechtfertigt wohl den Versuch, durch die folgende Arbeit zur Würdigung und rechten Beurteilung dieses Philosophen mit beizutragen.

Trendelenburg selbst ist nicht, wiewohl er es plante[1]), zur Abfassung einer systematischen Darstellung seiner philosophischen Lehren gekommen. In seinen Schriften finden sich jedoch Hinweise genug, welche uns ein Bild seiner Psychologie ermöglichen; so vor allem Logische Untersuchungen II, x; Naturrecht auf dem Grunde der Ethik (erster Teil); Historische Beiträge zur Geschichte der Philosophie II, ix. III, i. iii. iv.; Kleine Schriften II, xxii. xxiii.²) Ausser diesen standen mir noch besondere Hilfsmittel zur Verfügung. Herr Professor Eucken gestattete mir ein von ihm geführtes Kollegheft durchzusehen und Herr Professor Trendelenburg in Bonn Einsicht zu nehmen in das Vorlesungsmanuskript seines Vaters sowie in zwei ungedruckte Abhandlungen.³) Wenn ich auch diese Schriftstücke nur kurze Zeit in den Händen hatte, so boten sie mir doch wertvolle Ergänzungen. Zwar konnte ich nicht die Lücken, welche die Zusammenstellung der gelegentlichen Äusserungen aufweisen, durch umfangreiche Zitate ausfüllen, da Trendelenburg letztwillig verfügt hat, dass von jeglicher Veröffentlichung seines litterarischen Nachlasses abzusehen sei, aber sie boten mir doch Sicherheit und waren Korrektiv für die richtige Auffassung. Beiden Herren spreche ich auch hier noch für die freundliche Förderung herzlichsten Dank aus.

II. Bevor ich nun zur eigentlichen Darstellung selbst übergehe, empfiehlt es sich, Trendelenburgs philosophische Grundanschauungen kurz aufzuweisen Denken und Sein — blinde Kraft u. bewusster Gedanke — stehen im schroffsten Gegensatze, wie können sich beide im Erkennen so innig vereinen? Dies ist nur möglich, wenn es ein beiden Gemeinsames giebt, das zugleich ein Thätiges sein muss, da es vermitteln soll; es muss aber auch ursprünglich und einfach sein, sonst wäre es kein Letztes. Allen diesen Anforderungen entspricht die Bewegung, sie ist die ursprüngliche und einfache, dem Denken und Sein gemeinsame Thätigkeit der Vermittlung. Die Bewegung ist sowohl das Grundphänomen in der äusseren Welt — mechanische, chemische, organische Veränderungen sind nicht ohne räumliche Bewegung zu fassen, — als auch in der Welt des Geistes. Sie herrscht in der äusseren Anschauung ebenso wie in der abstraktesten Verstandesthätigkeit, sodass selbst Begriffe wie Zweck, Kausalität nicht ohne das Bild der Bewegung verständlich sind (Zweck = wohin, Kausalität = woher: Ziel und Ursprung der Bewegung). Die konstruktive Bewegung des Geistes ist in der Wurzel eins mit der realen in der Natur, einzig hieraus erklärt sich, wie sie das Organ der Erkenntnis sein kann. Aus der Bewegung als ihrer gemeinsamen Quelle gehen Raum und Zeit hervor, diese führen auf Figur und Zahl. Damit eröffnet sich das Gebiet des Mathematischen, wo sich der Geist Gebilde erzeugt, welche nicht der Erfahrung sondern einzig der konstruktiven Bewegung entstammen. Über diese Welt a priori (das mathematische Sein) erhebt sich als nächste Stufe die des physischen Seins. Entstanden durch die ideale Bewegung im Denken die Gegenstände der reinen Erkenntnis, so bildet sich durch die erzeugende Thätigkeit der konkreten Bewegung der Stoff. Doch erkennt hier Trendelenburg offen an, dass wir nicht verstehen können, wie lediglich aus Attraktion und Repulsion die Materie und ihre Eigenschaften hervorgehen sollen. Wir sind in einen Zauberkreis gebannt, „wir suchen die Entstehung des Substrates und finden Bewegung, und um die Bewegung zu fassen, setzen wir ein Substrat."[4] Über dieses Gebiet des physischen Seins erhebt sich als 3. Stufe das Organische, welches die Materie und die sich in dieser bethätigende causa efficiens unter einen neuen Grundbegriff stellt, den Zweck, d. i. der im Grunde der Dinge wirkende schöpferische Gedanke. Zweck und wirkende Ursache sind vereint. Der Zweck ist das Ursprüngliche, er steht vor der blinden Kraft und beherrscht sie. Er wirkt als immanentes Prinzip, durchdringt den Stoff als praeformierender Gedanke und benützt die wirkende Ursache, ohne welche er machtlos wäre, als Mittel.

Aus der Immanenz des Zweckes erklärt sich das Charakteristische des Organischen, welches darin besteht, dass „das Ganze in einem ursprünglichen Gedanken gegründet vor den Teilen und in den Teilen sei und der inneren Bestimmung gemäss sich in sich und in den Teilen vollende".⁵) Auf der Grundlage des Organischen hebt sich als letzte und höchste Stufe das ethische Sein hervor. „Der Charakter eines nach innerem Zweck sich gliedernden, entwickelnden, vollendenden Ganzen bleibt im Sittlichen".⁶) Das Ethische ist das Organische vertieft durch das Menschliche, d. h. durch das Denken, denn dieses ist das humanisierende Prinzip. Der immanente Zweck, im Organismus sich blind, seiner selbst unbewusst verwirklichend, wird im Menschen frei und bewusst, wird erkannt und gewollt, und damit gründet sich das Reich des Ethischen.

Über diese Welt des Endlichen, die wir in ihren grossen Gebieten des mathematischen, physikalischen, organischen und ethischen Seins aus Bewegung und Zweck hervorgehen sahen, werden wir hinausgetrieben durch einen mächtigen Zug des Menschen, das Ganze zu erfassen. „Nur in dem Begriff des Ganzen beruhigt sich die rastlose Bewegung des Geistes".⁷) Wir suchen eine unbedingte Einheit des Ganzen; wir finden sie im Absoluten, in Gott. Ohne den Geist des Schöpfers verstehen wir die Welt nicht, denn „der Akt des göttlichen Wissens ist allen Dingen die Substanz des Seins".⁸) In der Voraussetzung eines Geistes, dessen Gedanke Ursprung alles Seins ist, vollendet sich die Weltanschauung Trendelenburgs: das „System des ursprünglichen Gedankens".⁹)

Der Seelenbegriff.

III. Trendelenburg erklärt die Seele für einen sich selbst verwirklichenden Zweckgedanken.¹) Suchen wir das zu entfalten, was in dieser Definition gebunden liegt, so finden wir folgendes: Der Zweck ist keineswegs ein „stummes

Bild", sondern wo er erscheint, will es etwas,[2] er ist schöpferischer Gedanke, der sich in seiner Schöpfung verwirklicht. Damit er werde, sich verwirkliche, muss er mit einer Kraft verbunden sein, die thätig ist.[3] So müssen wir denn der Seele thätige, bewegende Kraft zuschreiben. Diese Kraft ist nicht blind wirkend, sondern es ist ihr die Richtung ihrer Wirkung vorgeschrieben, da sie der Herrschaft des Zwecks unterworfen ist. Der Zweck bezeichnet das Ziel einer Bewegung, das Wohin,[4] er ist „richtende, begrenzende Bewegung".[5] Richtung und Bewegung, Gedanke und Kraft sind eng mit einander verbunden.[6] Eine solche Einigung bemerken wir schon an der Maschine; wiewohl da die blinde Kraft voll und ganz in den Dienst eines Zweckgedankens tritt, erkennen wir doch keine Beseelung, da beide nur äusserlich verbunden sind.[7] Diese finden wir erst vor, wo Bewegungen sich nach einem Ziele richten und das Richtende dem innewohnt, was gerichtet wird und sich in ihm mitbewegt, wo also der Zweck nicht als von aussen herangebracht erscheint, sondern als immanentes Prinzip wirkt.[8] Ein solches inneres, zentrales Wirken tritt uns da entgegen, wo Leben ist, mit dem Begriff des Lebendigen geht der Begriff des Beseelten Hand in Hand.[9] Mit dem Hervortreten des inneren Zweckes im Lebendigen ist der Begriff des Selbst gegeben.[10] Nur da, wo Zweck und Kraft koinzidieren, wo dem Thätigen das, was es thut, zu gute kommt oder zum Schaden wird, wo es sich also um **eigenen** Erwerb und **eigenen** Verlust handelt, kommt das Selbst zum vollen Rechte.[11] Wo das Thätige sich in sich abschliesst, für sich wirkt, da kommt es zu einem Individuum im eigentlichen Sinne. Nicht Raum und Zeit — diese erzeugen nur eine geschiedene Vielheit, unbekümmert ob und wodurch sich dieses Geschiedene als Ganzes zusammenfasse,[12] — sondern der innere Zweck, welcher präformierend die blind wirkende Kraft zur Verwirklichung und Erhaltung eines

Ganzen zwingt, ist das eigentlich individuierende Prinzip.[13]) Der Zweck, der in den Gebilden der Natur nur objektiv erscheint, wird im Menschen subjektiv, ja gleichsam persönlich.[14]) Was nun in der Sache (obj.) der bildende Zweck ist, ist im Individuum (subj.) die Seele, sie ist ein sich selbst verwirklichender Zweck.[15]) Das Ergebnis unserer Untersuchung kurz zusammengefasst ist folgendes: Die Seele ist nach Trendelenburg eine von innen aus sich heraus gerichtete lebendige Kraft (ein Zweckgedanke), die sich im Bereiche des Lebens Dasein schafft und dadurch individuell wird (sich selbst verwirklicht).

IV. Diesen Begriff der Seele verfolgen wir nun in der Reihe der aufsteigenden Geschlechter und suchen ihn bis ins Wesen des Menschen durchzuführen.[16]) Im Reiche des organischen Lebens sehen wir von innen heraus sich entwickelnde Ganze. Ein innerer Zweck giebt ihnen einen individuellen Mittelpunkt und damit beginnt eine Selbständigkeit, die, wenn auch anfangs gering, immer reicher wird. In der Pflanze schon fasst sich das Einzelleben in sich zusammen und stellt sich dem Leben des Ganzen entgegen.[17]) Der individuierende innere Zweck giebt sich in der Assimilation, in dem „Plan des Typus", in der Fortpflanzung der Gattung kund.[18]) Diese Art der Beseelung bezeichnen wir mit dem Ausdruck psyche threptike (Nährseele). Was der Pflanze noch fehlt, zeigt das Tier: freie Beweglichkeit und Empfindung. Mit dem Empfinden verschmilzt der Trieb nach Erhaltung, das Begehren. Bei höheren Tieren steigern sich die Empfindungen bis zur Sinneswahrnehmung; es zeigen sich die ersten Spuren geistigen Lebens, sie gelangen zu Bildern und Vorstellungen. In allen Organen spricht sich der innerlich bildende Zweck klar und deutlich aus, sie dienen aber nur der Selbsterhaltung als dem Grundbegehren des tierischen Lebens."[19])

Den Tieren ist der „treibende Gedanke sich selbst noch

verborgen, der zum Grunde liegende Zweck wird blind begehrt". [20])

Diese Beschränkung schwindet. Der innere Gedanke, im Organischen der Natur sich selbst verborgen und höchstens blind empfunden, wird im Menschen seiner selbst bewusst. [21]) Begehren und Empfinden wird durchdrungen von einem Gedanken und dadurch in die Höhe gehoben. [22]) Das Begehren wird zum Willen, indem das Denken bestimmend in die Richtungen des Eigenlebens eingreift, [23]) die Empfindungen werden zum Gefühl. Scharf tritt nun der Gegensatz zwischen Subjekt und Objekt hervor, es kommt zum Selbst- und zum Weltbewusstsein. Die Sinne dienen nicht der Selbsterhaltung, sondern werden vom Denken beherrscht, so ermöglicht das Gehör dem Menschen die Sprache und dient dem freien Verkehr der Gedanken. [24]) Im Menschen zeigt sich der Begriff der Seele erfüllt. Durch das Denken vermag er den schöpferischen Gedanken seines Wesens zu erfassen. Der Zweckgedanke wird erkannt und gewollt und somit selbstbewusst und selbstthätig (insofern nämlich das Wesen des Menschen dieser sich selbst verwirklichende Zweckgedanke selbst ist). Diese höhere Stufe, welche wohl die Pflanzen- und die Tierseele in sich schliesst, aber durch das Denken weit überragt und zur Vollendung führt, bezeichnet die Sprache als Geist. Er ist die Höhe der psychischen Erscheinungen und ist ermöglicht durch das humanisierende Prinzip des Denkens. [25])

V. Die Seele als immanenter Zweckgedanke ist nicht Resultat, sondern Prinzip. [26]) Ohne den Gedanken im Grunde der Dinge giebt es kein Organisches, der bestimmende Zweck ist das Ursprüngliche, das Organbildende. „Das Auge sieht, aber das Sehen selbst hat das Auge gemacht, die Füsse gehen, aber das Gehen selbst hat die Gelenke der Füsse gerichtet". [27]) Der Gedanke macht erst die brutale Materie zum Organ, er liegt als das Erste, als ideales Prius, der

Erscheinung zu Grunde. So ist auch im Menschen, der als organisches Wesen einen verwirklichten Zweckgedanken darstellt, der Gedanke als erzeugender Grund vorangegangen. Die Seele ist das ideale Prius, das die Materie zum Menschenleib macht. Mit dieser Auffassung steht Trendelenburg ganz auf aristotelischem Boden,*) welcher die Seele die erste Entelechie des Leibes nennt, die „verwirklichende Kraft, welche das Vermögen der Thätigkeit enthält und erst die Verwirklichung als Akt hervorbringt".[25]) Die Seele als innerer Zweck ist, wie wir oben sehen, von innen bildende Bewegung; das hervorgehende Gebilde ist der Leib, er ist Objektivation des Zweckgedankens.**) Hiermit bestimmt sich das Verhältnis zwischen Seele und Leib. Die Seele ist der im Grunde wirkende schöpferische Gedanke: sie ist also nicht der göttliche Hauch, der sich dem geformten Leib verbindet, sondern sie ist das formende Prinzip des Leibes selbst, der in seiner Totalität Organ der Seele ist. Der Mensch ist darnach nicht als Addition von Seele und Leib zu denken, sondern als innere Einheit beider. Das Ideale durchdringt das Reale, gewissermassen verkörpert sich der Gedanke im Menschenleib, durchgeistigt sich die Materie.

VI. Wir treten nun in eine nähere Erörterung des

---

*) Trendelenburg selbst hat es ausgesprochen, dass seine psychologischen Anschauungen denen des Arist. verwandt seien, vergleiche Bonitz, Zur Erinnerung an F. A. Trendelenburg, Abh. d. Berl. Ak. 1872. Die innige Beziehung erhellt sofort, wenn man Arist. de anima II, 1—4 zur Vergleichung heranzieht.

**) Hieraus erklärt sich die freundliche Stellungnahme Trendelenburgs zur Physiognomik. Als Wissenschaft hält er sie zwar für unmöglich, da sie auf individuellem Blick und intuitivem Gefühl beruhe, aber sie sei doch immerhin beachtenswert. Das Organische ist das Symbolische. Das individuelle Gepräge des Gesichts etc. sind Schriftzüge und Spuren geistiger Eigenart. (In seinem Manuskript findet sich eine Reihe hierher gehöriger feiner Bemerkungen.) U. II, 33 findet sich folgendes: „Indem nun der Zweck die Kräfte des Stoffes beherrscht, hat er ihnen die eigenen Schriftzüge wie Spuren eingedrückt, der hinzutretende eindringende Gedanke wird diese Zeichen wiederum lesen können. Vergl. auch U. II, 406,7. II, 189.

bisher Dargestellten ein. Bewegung, Zweck und Absolutes sind die Grundbegriffe der Philosophie Trendelenburgs. Auf ihnen müssen sich die Einzelwissenschaften aufbauen, wenn die Geschlossenheit des Systems gewahrt sein soll. Wir müssen zugestehen, dass der wichtigste Begriff der Psychologie, der Seelenbegriff in strenger Konsequenz aus den Prinzipien abgeleitet ist. Mit der Annahme der Beseelung tritt keineswegs ein neues Prinzip auf, sondern der Zweckbegriff, der in der organischen Weltanschauung Trendelenburgs im Mittelpunkte aller Betrachtung steht, ist constituens der Seele. Die Seele wurde für einen Zweckbegriff erklärt, sie ist dasselbe ideale Prius, das im Grunde aller Dinge erscheint. Wir erkannten schon oben aus der Bestimmung, dass die Seele „ein sich selbst verwirklichender" Zweck sei, die Bewegung der Seele involviert, sodass in ihr beide, Bewegung und Zweck aufs engste verbunden erschienen. Es gilt nun vor allem die Beziehung zum Absoluten noch nachzuweisen. Die Seele als Zweckgedanke weist auf den hin, der den Gedanken dachte. Es könnte der Zweck nicht schöpferisch walten, wenn er nicht im schaffenden göttlichen Denken basierte.[29]) Allem Seienden liegt ein Akt göttlichen Wissens zu Grunde.[30]) Dieser schöpferische Gedanke, im Lichte des Unbedingten aufgefasst, wird bezeichnet als Idee — somit ist die Idee des Menschen das Unbedingte in seinem Wesen.[31]) Die Seele ist der immanente Zweck des menschlichen Wesens, alle Zweckgedanken aber, die den erzeugenden Grund der Dinge ausmachen, wurzeln in ihrem innersten Wesen im Absoluten. So erscheint denn der Begriff der Seele gestützt auf Bewegung, Zweck und Absolutes. Um die Materie zu begreifen, bedürfen wir vor allem der Bewegung,*) aber im Wesen der Seele erkennen wir ein Zusammen dieser drei Prinzipien in innerer Einheit.

---

*) U. II, 537 sagt Trendelenburg: Bewegung mache das

Die Einheit des Seelenlebens.

VII. Der menschliche Geist verwirklicht sich in den Thätigkeiten des Denkens, Fühlens und Wollens. Wir können zwar nicht durch Definitionen ihre Unterschiede kurz präzisieren,[1]) da es sich hier um Elementares, Letztes, Ursprüngliches handelt, aber sie sind doch in der Weise ihrer Thätigkeit so verschieden, dass wir sie scharf von einander sondern. Um nun trotz dieser scharfen Geschiedenheit die Einheit der Seele zu wahren, sieht sich Trendelenburg veranlasst, eine von ihnen als Grundthätigkeit anzunehmen. Das Begehren erscheint ihm als das allen seelischen Thätigkeiten zu Grunde liegende; wo wir von Seelenleben reden, gewahren wir allenthalben Strebungen.[2]) Dass sich Trendelenburg für das Begehren entscheiden musste, erkennen wir aus seiner Definition der Seele. Sie ist ein sich selbst **verwirklichender Zweckgedanke**; wo der Zweck erscheint, **will** er etwas;[3]) er ist schaffend, allmächtig von Anfang an.[4]) Das Begehren nun ist der Ausdruck der inneren Zwecke, die sich erfüllen wollen, die Sehnsucht des unerfüllten Zweckes.[5]) — Das Begehren ist notwendige Bedingung des Denkens und Fühlens. Der Grundzug des Vorstellens ist einmal äussere Objekte aufzunehmen und darzustellen, „in diesem Aufnehmen und Empfangen liegt aber eine Thätigkeit, die, wenn auch von aussen angeregt, doch nicht von aussen gegeben ist, sondern vielmehr apriorisch, eine ursprüngliche Thätigkeit des Geistes sein muss."[6]) Zum andern aber zeigt sich ein Streben nach Klarheit und Wachstum der Erkenntnis, denn das Denken will die Dinge auffassen und begreifen, die Erscheinungen widerspiegeln und in ihrem thätigen Grunde erkennen; es strebt das Allgemeine zu erfassen, das dem Einzelnen zu Grunde liegt.[7]) Das Gefühl

---

Wesen des Stoffes aus, — 531, in dem Stoffe sei die Bewegung verkörpert. I, 267 bemerkt er ausdrücklich, dass Bewegung nicht allein genüge, es bleibe noch ein Mehr als Attraktiv- und Repulsivkraft.

ist abhängig vom Begehren, insofern Lust und Unlust sich erst da zeigt, wo ein Begehren versagt oder erfüllt erscheint. Die menschlichen Thätigkeiten sind bestimmt durch innere Zwecke, werden sie erreicht, so folgt Lust, andernfalls Unlust. Die Lust vollendet die Thätigkeit, aber nicht als innewohnendes Prinzip, sondern als hinzutretender Höhepunkt.[8])*) Der innere Zweck, der Trieb nach Verwirklichung und Erhaltung ist das Ursprüngliche und Wesenhafte, die Lust das Zufällige, sie ist gleichsam die Würze, nicht die Speise.[9])

Wenn Trendelenburg Denken und Fühlen aus dem Begehren entspringen lässt, so will er damit keineswegs behaupten, unser geistiges Leben sei unrettbar der Knechtschaft von Trieben und Begierden verfallen, sondern er erkennt an, dass die Thätigkeiten der Seele in innigster Wechselwirkung und gegenseitiger Abhängigkeit sich befinden. Sie entwickeln sich auseinander und spinnen sich ineinander hinein.[10])

Der bestimmende Einfluss, den das Denken auf das Begehren ausübt, eshebt es zum Wissen. Der Wille ist das vom Gedanken durchdrungene Begehren.[11]) Auch die Lust, wiewohl sie dem Begehren entspringt, kann Macht über das Begehren gewinnen, sie wird zu einer bestimmenden „Kraft", die zur Wiederholung der Thätigkeit reizt.[12]) Wenn so die Lust zur Herrschaft gelangt, tritt auch das Denken in den Dienst des Gefühls, seine erfinderische Thätigkeit wird benützt, um den Stachel des Genusses zu verschärfen.[13]) Wiederum aber durchdringt auch das Denken unser Fühlen.[14]) Diese wechselweisen Beeinflussungen werden wir im weiteren Verlauf noch reichlich beobachten können.

VIII. Ehe wir der weiteren Entwickelung der psychischen Thätigkeiten unsere Aufmerksamkeit zuwenden, wollen wir kurz Trendelenburgs Anschauungen über das Selbst-

---

*) Vergl. die Stellung der Lust bei Aristoteles.

bewusstsein und das Ich einfügen. Die Selbstempfindung, in welcher zuerst ein zentraler Punkt, der sich auf sich bezieht und zurückklingende (reflexive) Thätigkeiten erscheinen, ist wesentliche Bedingung für das sich daraus erhebende Selbstbewusstsein: es entwickelt sich in uns.[15] Der Mensch überschreitet die blosse Selbstempfindung und kommt durch das Denken zum Selbstbewusstsein. Im Selbstbewusstsein erscheint der Mensch sich selbst,[16] das denkende Subjekt erfasst in seinem erkennenden Denken sich Selbst. Dieses „Sich-selbst-erscheinen" ist unerklärbar, auch mit nichts im Materiellen zu vergleichen.[17] Im Selbstbewusstsein fühlen und wissen wir uns als eins, uns selbst gleich, trotz der Mannigfaltigkeit unserer psychischen Thätigkeiten und Zustände. Diese Einheit bleibt gewahrt bei allem Wechsel unserer Vorstellungen, Gefühle etc. Nie verliert sich das Selbstbewusstsein, sondern immer bleibt es sich selbst gewiss.[18] Diese Identität mit sich selbst lässt sich nicht sensualistisch aus einer „äusseren Erfahrung" erklären, sondern das Selbstbewusstsein, das Ich, ist Vorbedingung jedes Anfanges der Erkenntnis, es ist apriorisch.[19] Die Vorstellung vom Ich ist uns nicht angeboren, sondern entwickelt sich. Der Mensch sagt erst verhältnismässig spät von sich „ich". Anfangs empfindet er sich selbst, wenn er „ich" sagt, denkt er sich selbst. Er fühlt sich dann in einem Gegensatze zu einem Du.[20] Mit diesem Akt der Unterscheidung ist zugleich die Erkenntnis der Identität gegeben. Wenn der Geist sich erkennen will, findet er sich wie ein Ding der Erfahrung,[21] aber er erkennt, dass Subjekt und Objekt das Gleiche sind.

IX. In der Wesensbestimmung der Seele ist schon die geforderte Einheit des Seelenlebens angedeutet. Es ist unschwer den inneren Zusammenhang zu erkennen. Vom Zweck lehrt Trendelenburg, dass er aus der Einheit die Vielheit erzeuge und das Entzweite wieder zusammenfasse im

Ganzen.[22]) Zum Zweckgedanken gehört ein verwirklichender Vorgang, der Zweck soll sich durchsetzen. Ist die Seele immanenter Zweck, so wird ihre ursprüngliche Thätigkeit ein Begehren nach Erfüllung sein. Das Begehren erscheint so als unmittelbarste Wirkung und als Ausdruck des inneren Zweckes, es wird zur Grundthätigkeit des seelischen Lebens. Das Fühlen, Lust und Unlust, wird erst dadurch bestimmt, ob das Begehren erfüllt wird oder unbefriedigt bleibt, ob der Zweck erreicht wird oder nicht. Das Denken ist insofern gefordert, als dadurch der Zweck erfasst wird und durch die urteilende Thätigkeit die günstigen Mittel zur Erfüllung des Begehrens erkannt und zur Verwirklichung dargeboten werden. Die Mannichfaltigkeit der psychischen Thätigkeiten sehen wir so vom Zwecke gefordert, aber trotz dieser Mehrheit keine unüberwindliche Entzweiung, denn sie dienen dem Einen Zweck, der Eine Zweck wird begehrt, gefühlt, gedacht. Die Thätigkeiten, die von der Seele ausgehen, erscheinen demnach als reflexive, sie thut sie für sich, in ihnen verwirklicht sie sich. „Der denkende Mensch denkt sich selbst; ohne sich selbst zu denken, ohne Selbstbewusstsein, denkt er auf nichts anderes, der wollende Mensch will, was er will als seine That."[23]) So wird denn das Selbst, das Ich der Mittelpunkt aller seelischen Thätigkeit, die letzte Einheit. Wo ein innerer Zweck erscheint, dort zeigt sich erst ein Selbst im eigentlichen Sinne, behauptet Trendelenburg; in der menschlichen Seele ist es nun das Höhere und Neue, dass sich der Begriff des Selbst durch das Denken vertieft zum bewussten Selbst, zum Ich. Ist die Seele ein sich selbst verwirklichender Zweckgedanke und damit die bleibende Einheit in der Vielheit, so ist das Ich, die psychischen Thätigkeiten reflexiv beziehend, gewissermassen dieser bestimmende, alles bindende Zweckgedanke im Bewusstsein. Der Zweckbegriff ist bei Trendelenburg allmächtig, wir müssen anerkennen, dass sich vermittelst der eigenartigen

Seelendefinition die psychischen Thätigkeiten widerspruchslos auf den Zweck zurückführen lassen. Mit diesem Zugeständniss verbinden wir aber keineswegs die Behauptung, dass die Seele auch wirklich ein Zweckgedanke sei, sondern behalten uns hierüber ein freies Urteil vor.

Der theoretische Geist.

X. Mit der Bestimmung, dass die Seele ein sich „verwirklichender" Zweckgedanke sei, ist ein Hinweis auf die Methode gegeben. Der Prozess des Werdens, der Entwickelung ist darzustellen und daher genetisch zu verfahren. Wir bemerkten schon oben, wie sich der Zweck zum immanenten Zweck erhob und damit Beseelung eintrat, wie sich ferner ein steter Fortschritt zeigte und mit der aufsteigenden Reihe der organischen Wesen sich der Begriff der Seele immer reicher entfaltete. Auch hier nun, wo es sich um die Entwickelung der Intelligenz handelt,*) zeigt sich der charakteristische Zug Trendelenburgischen Philosophierens, alles in stufenmässiger Erhebung zu schauen und zwar derart, dass das Niedere als das Frühere zum Höheren strebt und das Höhere, selbst wenn es äusserlich noch nicht da ist, doch das Niedere schon zieht und durchdringt.[1]

Die Entwickelung des Denkens geschieht in drei Stufen: Sinn, Phantasie, Verstand = Wahrnehmung, Vorstellung und Begriff.**) Diese fordern als notwendige Vorbedingung die Aufmerksamkeit. Durch das Denken will sich der Geist die Dinge aneignen,[2] dies erfordert, dass er sich darauf richtet. Diese Richtung des Geistes auf den Gegenstand ist die Aufmerksamkeit. Schon das Wort „aufmerken" zeigt das Wohin, die Richtung an. Der Geist ist in Spannung, er ist begierig

---

*) Wir können es späterhin auch beim Willen und Gefühl bemerken.
**) Diese Stufenfolge ist keine neue Ansicht, sie ist Aristoteles entlehnt: αἰσθητικόν, φαντασία, νοῦς.

zu Erkennen (das Begehren im Grunde des Aufmerkens!). Mit der Aufmerksamkeit ist eng verbunden die Abstraktion. Ohne sie entzweit sich die Aufmerksamkeit, wo wir auf vielerlei aufmerken, folgt Zerstreuung, es wird da eine Vorstellungsreihe beständig von einer anderen durchbrochen. Völliges, allseitiges Aufmerken erzeugt Zerstreuung, völliges Abstrahieren schlägt um in Starrheit. Wo aber beide in rechter Weise verbunden sind, da zeigt sich Vielseitigkeit ohne Zerstreuung, Vertiefung ohne Starrheit.[3]*)

XI. Mit den höheren Tieren hat der Mensch die Sinne gemein, aber bei jenen egoistisch und beschränkt, erheben sie sich bei ihm aus den selbstischen Zwecken, sie treten in den Dienst des denkenden Geistes.[4] Alles geistige Leben fordert als Grundlage die Anschauung.[5] In dem wir unsere Sinne öffnen, drängt sich uns eine fremde Welt auf, die sich der Geist aneignet.[6] Wir haben die Aussenwelt nur in diesen Eindrücken, welche unsere Sinneswerkzeuge empfangen.[7] Das, was uns in den Sinnesempfindungen gegeben ist, sind Wirkungen; und da nun diese Wirkungen am Subjekte geschehen, so haben sie nothwendigerweise eine subjektive Seite an sich.[8] Die Sinne sind nicht so objektiv, dass sie uns den wahren Anteil der Dinge an den Erscheinungen offenbarten; wir empfinden nicht die 32 Schwingungen des Basstones und die 456000000 Schwingungen des mittleren Rotes. **) Wir perzipieren die Qualitäten nicht nach der

---

*) Aufmerken ist also nach Trendelenburg noch nicht ein Denken des Gegenstandes selbst, sondern nur das Begehren, dass er Objekt des Bewusstseins werden soll. Aber wie kommt der Geist dazu, aufzumerken, das Objekt zu begehren, wenn er von ihm nichts weiss? Dass das Aufmerken mehr ist als eine leere, formale Vorbedingung hat schon Leibnitz erkannt, er sagt: attendere est cogitare cum desiderio cognoscendi. Der Gegenstand ist also schon gedacht, Bewusstseinsinhalt, aber er wird um gründlicher Erkenntnis willen, im Blickpunkt festgehalten.

**) Gerade hierdurch, sagt Trendelenburg, dass wir nicht Zahlenverhältnisse als solche, sondern Farben und Töne wahrnehmen, eröffnen uns die Sinne ein neues weites Reich: Malerei und Tonkunst.

Wahrheit der physikalischen Theorie, sondern nach den konstanten Wirkungen, welche die Reize in unseren Sinnen hervorrufen und die gewissermassen abgekürzte Ausdrücke derselben sind.[9] In jeder Sinnesempfindung liegt ein subjektiver Anteil klar zu Tage.[10] Wir sehen dies deutlich daraus, dass jeder Sinn „in seiner eigenen Sprache spricht",[*] gleichviel welcher Einwirkung er unterliegt.[11] Trotz dieser zugestandenen subjektiven Beeinflussung soll die objektive Geltung der Sinnesempfindungen gewahrt bleiben. Es ist ein grosser Unterschied, ob ein Sinn von einem adäquaten Objekt oder einer inadäquaten Kraft gereizt wird.[**] Im letzteren Falle kommt es nur zu einer wirren Empfindung, die unbestimmt nur die eigentliche Sphäre des Sinnes anzeigt; in der Wechselwirkung mit den adäquaten Objekten hingegen entwickeln sich die Empfindungen, lernen die Sinne unterscheiden und fixieren.[12] Wo wir in den Sinnesthätigkeiten Zwang zur Unterscheidung des Gegebenen empfinden, da erkennen wir die Objekte. Sie vollziehen diese Nötigung, indem sie mit ihrer Wirkung die Sinne berühren. Der Geist entspricht dieser Nötigung, indem er dem Gegebenen nachgeht oder aus den gegebenen Motiven das sinnliche Bild entwirft.[13] Wo Sinnesempfindungen in uns hervorgerufen

---

[*] Trendelenburg ist Anhänger der Lehre von der spezifischen Energie der Sinne. Er bekennt sich zu den Ausführungen Joh. Müllers, nach welchen der Sinn nur seine Energie und nicht die spezifische Qualität der Aussenwelt empfindet. Es kommt nur darauf an, dass der Nerv überhaupt erregt wird, aber nicht auf das erregende Objekt; jeder Erregung des Nervens folgt eine Empfindung „in seiner Art". Vergl. U. II, 520. Schon Aristoteles hatte hierauf aufmerksam gemacht. Vergl. Zeller, Geschichte der Philosophie der Griechen II, 2. 217.

[**] Trendelenburg behauptet, allen Sinnen sei eine unmittelbare Verwandtschaft mit dem Gegenstande eigen, für den sie bestimmt sind. Wär nicht das Auge sonnenhaft, wie könnten wir das Licht erblicken. — (Die bewegliche Hand wird nur begriffen, indem man auf die allgemeine Natur der Gegenstände Rücksicht nimmt, die sie fassen und betasten soll).

werden, da gehen Subjekt und Objekt ein Verhältnis ein, unser Wissen bildet dieses Verhältnis ab.[14] Die Sinneswahrnehmung löst die Form von der Materie,*) das Bild vom Gegenstand[15] Wie dieses möglich ist, wie sich uns das Materielle durch die Sinnesempfindungen einbilden, ein Äusseres ein Inneres werden kann: dieser Sprung vom Leiblichen zum Geistigen lässt sich nur durch ein in beiden wirkendes Gemeinsames erklären In der Bewegung, dem Denken und Sein gleich zugehörig, hat der Geist die Handhabe für die Dinge, durch die Bewegung kann er sie fassen.[16]**)

XII. Die Phantasie ist das Vermögen, auch ohne Gegenwart des Gegenstandes eine Anschauung zu haben, diese nennen wir dann Vorstellung. Der menschliche Geist lebt von der Anschauung, die er empfängt, ohne sie stürbe er den Hungertod.[17] Das Empfangene verwandelt er selbstthätig in sein freies Eigenthum und in dem Ebenmaass des Empfangens und Bildens zeigt sich seine Grösse.[18] In dem Aufnehmen und Empfangen selbst aber liegt eine Thätigkeit des Geistes, die nicht von aussen gegeben, sondern ursprünglich, apriorisch ist.[19] Eine Aneignung der Eindrücke ist erst möglich, wenn der Geist freithätig dabei mitwirkt.[20] Bei jeder Wahrnehmung ist also ausser einem rezeptiven auch ein spontanes Moment wirksam. Dieses Spontane ist die Einbildungskraft,***) sie ist die geistige Bedingung der

---

*) Hier lehnt sich Trendelenburg ganz an Aristoteles, welcher in der Sinneswahrnehmung eine Aufnahme der sinnlichen Form ohne den Stoff fand. Vergl. Zeller, Philosophie der Griechen. II, 2. S. 417.

**) In dem Manuscript finden sich die einzelnen Sinne eingehend behandelt. Einzelnes befindet sich in Tr.'s Werken an folgenden Stellen: U. I. 234. ff. 249. 278. II. 518 ff. auch II. III. 224 ff.

***) Die Imagination ist also nicht ein Nachfolgendes, nur sinnliche Empfindungen und Wahrnehmungen verarbeitend, ist vielmehr mitwirkender Grund derselben. Trendelenburg muss ein solches spontanes „Aufnehmen wollen", ein ursprüngliches Entgegenkommen und Ergreifen annehmen, da ja das Begehren als Grundthat alles geistige Leben durchziehen soll.

sinnlichen Wahrnehmung. Der Imagination wird konstruktive Bewegung zugeschrieben. [22]) Die durch den sinnlichen Reiz hervorgerufenen Eindrücke werden einzig durch die Phantasie dem Geiste angeeignet und werden dann zu Motiven, aus denen er dann die Bilder äusserer Gegenstände konstruktiv entwirft. [23]) Das sinnliche Bild wird aus der realen Welt in den idealen Raum des Geistes versetzt, hier bleibt es und durch dieses Hineinbilden (informare in animam) ist die Möglichkeit der Wiedererinnerung gegeben. *) In jeder Vorstellung spielt die Wiedererinnerung, sowohl wenn ich mir ein Einzelnes vorstelle (ohne Gegenwart des Objektes eine Anschauung haben), als auch wenn es sich um ein Gemeinbild handelt, denn diese kommt dadurch zu stande, dass bei einer gegenwärtigen Anschauung das frühere Bild wieder wachgerufen wird und das beiden Gemeinsame klar hervortritt. [42]) Die Vorstellungen stehen in Wechselwirkung mit einander. Den gesetzmässigen Verlauf der reproduktiven Phantasie bezeichnen wir als Ideenassoziation. [25]) Als Grundzug zeigt sich das Begehren und zwar als Begehren nach Ergänzung. [26]) Es ist das aller Ideenassoziation gemeinsam, dass die herrschende Vorstellung diejenige weckt, wodurch sie sich in

---

*) Wenn Trendelenburg die Seele einen Zweckgedanken nennt, so scheint er damit die Unräumlichkeit der Seele scharf betont zu haben. Hier zeigt sich nun, dass er im Grunde genommen doch die Seele räumlich denkt. Die erste That der sich erhebenden inneren Anschauung soll es sein, dass sich der „Raum des Gedankens" hervorarbeitet. Jeder hat seinen eigenen Raum des Gedankens, in welchem seine Vorstellung wirkt und schafft (U I, 144). Hat die Seele einen solchen Raum des Gedankens, in dem die Vorstellungen sind, so ist sie eben selbst räumlich. Die konstruktive Bewegung, als der Art nach dieselbe Bewegung wie die reale der Natur, muss doch der Art nach eben solchen Raum erzeugen wie die äussere Bewegung (R. und Z. gehen mit Notwendigkeit aus der Bewegung hervor, wo Bewegung auftritt, erzeugt sie nach Tr. Ansicht mit einem Schlage R. und Z.) Der Raum des Gedankens kann also keine blosse Raumvorstellung sein, sondern ist wirklicher Raum, wie ja die konstruktive Bewegung nicht Vorstellung von Bewegung sein soll, sondern wirkliche Bewegung.

ihrem gegenwärtigen Zustande ergänzt. (Die IA. nach dem Raume ergänzt das Gesichtsbild die Assoz. nach der Zeit die Glieder einer Succession u. s. f.) Diese Ergänzungen bleiben immer nur relativ; denn die Ideenassoziation kommt nicht zum Abschluss, sondern spielt immer weiter. [27]) Es scheint, als wäre durch sie der Lauf der Vorstellung nicht planmässig und nicht durch die Betrachtung der Sache geregelt, sondern mehr zufällig, [28]) sodass sie also der Erkenntnis hemmend wäre. Trotz dieser negativen Seite erkennen wir doch in der Ideenassoziation eine segensreiche Macht, unser geistiges Leben mächtig fördernd, so gründet sich in ihr z. B. die Sprache. *) Bei einer physiologischen Betrachtung des Denkens nimmt die Entwickelung der Sprache eine bedeutsame Stellung ein. Mit den Sachen verbinden sich lautliche Zeichen, durch welche sich die Vorstellung vom sinnlichen Eindrucke loslöst und ins Allgemeine erhebt. Hierdurch wird das Denken frei. Andererseits wird es aber auch durch das Zeichen bestimmt, [29]) indem nämlich der Mensch die Vorstellungen durch das immerbereite Zeichen des Wortes zu unterscheiden und fixieren vermag. Hiermit ergiebt sich auch die Möglichkeit zu neuen und eigenen Verbindungen derselben. [30]) In Wort und Satz haben die lautlichen Zeichen die Kraft, im Hörer bestimmte Vorstellungen zu erwecken, [31]) erst hierdurch wird der Wechselverkehr des menschlichen

---

*) Hemmend sei die Ideenassoziation, indem sie leicht verleite, das Nacheinander als kausal zu fassen: post hoc ergo propter hoc (was Hume schon rügte); sie lässt uns befangen in allen Irrtümern, die Macht des Irrtums beruht darauf, dass wir trotz besserer Erkenntnis immer wieder in die alte Ideenassoziation einlenken, (Aristoteles weist schon darauf hin, dass das Umlernen schwerer ist, als das Neulernen.) Die Ideenassoziation bedeutsam für die Ethik: wir verfallen leicht in alte Fehler, trotz guter Vorsätze folgen wir dem gewohnten Gedankenkreise und thun dasselbe Böse wieder. K. 142. Die Macht der Gewohnheit, auf Ideenassoziation gegründet, ist doch ebenso förderlich wie hemmend, denn wie sie die Wiederholung des Bösen fördert, so doch auch die des Guten!

Geschlechts ermöglicht und die Zusammenfassung der Vielheit der Menschen zu einer Menschheit.[32] Durch das Wort erst wird in vielen derselbe Gedanke und dasselbe Ziel bewusst („Ein Wille und eine Seele möglich") und hierauf beruhen Gesittung und Bildung,[33] Familie und Staat, kurz alle Möglichkeiten einer Kulturwelt. Der Mensch bedarf des Zeichens, es ist die erste lebendige Rückwirkung des individuellen Geistes gegen die Gewalt der Eindrücke der Aussenwelt.[34] Die Assoziation von Laut und Sache wird zu einer dreigliedrigen durch die Schrift: Ding, Laut, Buchstabe. Durch die Schrift wird die Wirkung des Wortes ungemein gesteigert. Das flüchtige Wort wird bleibend und damit ist der Verkehr nicht bloss mit räumlich, sondern auch mit zeitlich getrennten Geschlechtern vermittelt.[35] Die Nachfahren stehen auf den Schultern von früheren Geschlechtern und für dieses Wurzeln in einer überkommenen, durch die Geschichte gebildeten geistigen Substanz ist die Schrift das Organ, durch sie mehrt und gestaltet sich der geschichtliche Geist der Menschheit.[36] Das Zeichen (Wort und Schrift) verwächst dergestalt mit der Vorstellung, dass diese kommt, wenn das Zeichen ruft, es wird zum lenkenden Zügel der Gedanken und giebt uns eine Herrschaft über die Vorstellungen.[37] Uns erscheint die Assoziation zwischen Sache und Laut meist willkürlich und äusserlich, aber der sprachbildende Geist knüpfte meist an eine hervorragende Eigenschaft oder Thätigkeit der Sache an.*) Das andeutende Gepräge des Zeichens schleift sich im Laufe der Zeiten ab und entschwindet unserem Bewusstsein. Uns ruft das Zeichen diejenige Vorstellung wach, welche sich nach blinder Gewöhnung mit ihm verbunden hat.[38] Die Ideenassoziation ist also in der Sprache in zweifacher Weise wirksam, der sprachbildende Geist verknüpfte in logischer Assoziation Wort und Ding, wir übernehmen mit

---

*) Vergleiche hierzu U. I, 223/4. Beispiele.

der Sprache diese Assoziation, aber in uns wirkt sie nur als physische. Die gewohnheitsmässige Ideenassoziation zeigt ihre Kraft deutlich in der Sprache.

XIII. Die Entwickelung der Intelligenz zeigt als höchste Stufe das Denken im engeren Sinne, das sinnende Denken,[39]) welches die Thätigkeit der Sinne und der Phantasie voraussetzt. Ohne die sinnliche Wahrnehmung wäre das Denken leer,[40]) *) ohne die Phantasie wäre es nicht möglich, das Einzelbild zum Gemeinbild zu entwickeln und selbige frei miteinander zu verbinden.[41]) Die Leistung des Denkens im engeren Sinne besteht nun darin, nicht bloss die Dinge zu erfassen, sondern auch zu begreifen, d. h. in ihrem Grunde zu erkennen.[42]) Seinem eigensten Wesen nach leidet es nichts Fertiges, sondern es will das Seiende in seinem Werden, das Ruhende in seiner Entwickelung auffinden. Erst wo dies geschieht, wird der Grund erfasst, begreifen wir.[43]) Insofern nun das Denken auf den Grund zurückgeht, will es die Erscheinung in ihrer Notwendigkeit, und weil als notwendig, in ihrer Allgemeinheit erkennen.[44]) Notwendigkeit zeigt das Denken, wenn es alle Bedingungen erkannt hat, die Sache aus dem ganzen Grunde verstanden wird, aus den Prinzipien.[45]) Die letzten Prinzipien sind Bewegung und Zweck, der Geist kann sie erfassen, da er an ihnen Teil hat. Die Bewegung ist eine dem Geiste und der Natur identische Thätigkeit; durch die konstruktive Bewegung des Geistes erkennen wir die reale der Natur und ihre Erzeugnisse. „Wie wir die äussere Bewegung der Natur nun durch die eigene des Geistes erkennen, so erkennen wir auch den äusseren Zweck der Natur, den die Natur verwirklicht hat, nur weil der Geist selbst Zwecke nachbilden kann". Der Zweck ist der Gedanke im Grunde der Dinge, der präformierend die wirkende Ursache durchdringt. Das menschliche Denken

---

*) Vergleiche Kant, Begriffe ohne Anschauungen sind leer.

rastet nur, wenn es diesen Gedanken erfasst hat.[47] Unser Denken ist nur ein endliches Denken,[48] aber trotzdem gelangen wir zur Erkenntnis der Wahrheit. Wenn nicht in den Dingen Denkbares, im Wirklichen Wahrheit wäre, so wäre unser ganzes Denken verzweifelte Kühnheit und Vermessenheit. Die Wahrheit liegt dem Denken und den Dingen als gemeinsames Band zu Grunde. „Gäbe es keine Wahrheit in den Dingen, so widerspräche sich das Denken selbst."[49]*)

XIV. Die eben dargelegte Entwicklung des theoretischen Geistes zeigt deutlich, wie die philosophischen Grundgedanken Trendelenburgs (Bewegung, Zweck, Absolutes) fest bestimmend seine psychologischen Anschauungen durchdringen. Dem Denken involviert er Bewegung. Denken ist Thätigkeit und Thätigkeit, so lehrt Trendelenburg, ist ohne Bewegung nicht zu verstehen.[50] Die Bewegung ist „der lebendige Grund des Denkens".[51] Sie ist die apriorische That des Geistes.[52] Die Aufmerksamkeit bezeichnet er als die formale Vorbedingung aller Erkenntnis, das an sich leere Sich-Hinrichten auf das Objekt — die ursprüngliche Bewegung auf die Dinge. Die ideale Bewegung des Geistes wird konstruktive genannt, die Gestalt entwerfende. Gestalten werden entworfen im Raume des Gedankens, sei es, dass es nachschaffend oder freibildend geschieht. Schon die sinnliche Wahrnehmung zeigt die Bewegung, sowohl die reale als auch die ideale. Durch die Anschauung soll ein Reales ein Gewusstes werden. Es ist da eine Bewegung von aussen nach innen, und der äusseren Bewegung, wie sie im Sinnreiz erscheint, kommt gewissermassen die konstruktive entgegen.[53] Dem sich aufdrängenden Eindrucke tritt eine subjektive Thätigkeit ent-

---

*) Wahrheit ist also etwas wesentliches in den Dingen, es ist die Übereinstimmung der Gegenstände mit ihren Begriffen — sie sind das, was sie sein sollen. Es wird von Trendelenburg eine objektive Geltung gefordert, im Gegensatz zu der subjektiven Auffassung, welche die Wahrheit als eine Übereinstimmung des Erkennens mit dem Wesen des Erkannten bezeichnet.

gegen. „Indem der Geist von aussen empfängt, ist er durch die entwerfende Bewegung von innen thätig".⁵⁴) Die Wahrnehmungsbilder werden weiter verarbeitet, aus den gegebenen Motiven wird Neues gebildet. Die Phantasiethätigkeit scheint so das ureigentlichste Gebiet der konstruktiven Bewegung zu sein. Nun gilt es, sie auch noch im Denken im engeren Sinne, in dieser „abstraktesten" Thätigkeit des menschlichen Geistes, als wirksam nachzuweisen. Wir wiesen im vorigen Abschnitt darauf hin, dass die Aufgabe des Denkens im engeren Sinne Trendelenburg darin findet, die Prinzipien zu erkennen. Bewegung kann nur durch Bewegung verstanden werden (wenn nicht im Denken dieselbe Bewegung wäre wie in der Natur, wie käme diese sonst zum Bewusstsein?⁵⁵) folglich muss die höchste Denkthätigkeit, die eben ihre Aufgabe darin hat, die letzten Gründe zu erfassen, die Bewegung in sich tragen. Wir begreifen nur die Bewegung der Natur weil wir sie selbst geistig thun und darum sind wir, „so lange wir nun diese Bewegung betrachten, gleichsam in unserer Heimat."

Wie die Bewegung, so lässt sich auch die Wirksamkeit des Zweckprinzips im theoretischen Geiste nachweisen. Diese zeigt sich vor allem da, wo die Entwickelung der Intelligenz die höchste Stufe erreicht. Das Wesen der Dinge ruht nach der organischen Weltanschauung Trendelenburgs in einem inneren Zwecke. Das begreifende Denken muss diesen erfassen: er soll ein Besitz des Geistes werden. Trendelenburg nennt einmal die ganze Natur theoretisch, damit will er bezeichnen, dass sie durchgeistigt, von Zweckgedanken durchdrungen sei. Demnach erfasst das Denken im Erkennen der Welt gewissermassen wieder ein Denken, es ergreift das Denken im Ursprunge der Dinge. Der Zweck, auf dessen Erfassung das Denken geht, erscheint selbst als Denkakt. Diese Zwecke in den Dingen erkennen wir nur, weil der Geist selbst Zwecke entwirft.⁵⁶) Hieran schliesst sich nun leicht ein Hinweis auf das Verhältnis zum Absoluten. Das menschliche Denken ist kein reines Denken, sonst wäre es das göttliche Denken selbst, aber es vermag die göttlichen Gedanken nachzudenken, die im Grunde der Dinge wirken. Die Begriffe im Lichte des Unbedingten angeschaut, werden zur Idee [57]) und die göttliche Idee ist die Wahrheit der Dinge. [58])

Das menschliche Denken bleibt leer und unfruchtbar, wenn es nicht von der Anschauung empfängt. [59]) Darum musste das erste Prinzip des Denkens ein solches sein, das die Möglichkeit der Anschauung nachwies. Trendelenburg fand es in der Bewegung. Das höhere Denken erkennt die Convergenz der Bewegungen, bemerkt, dass die erzeugende Ursache einem richtenden Gedanken unterworfen ist und gelangt durch die Erkenntnis der Zwecke zu einer wenn auch nicht vollen Erkenntnis Gottes. So zeigt sich in der Entwickelung der Intelligenz eine unverkennbare Korrespondenz mit der Erhebung der metaphysischen Prinzipien. Dies ist darum beachtenswert, weil sich daraus ersehen lässt, wie die stufenmässige Erhebung, die Trendelenburg überall voraussetzt, auch in der Psychologie sich auf seine metaphysischen Anschauungen stützt, sodass der innere Zusammenhang des Systems klar zu Tage tritt. Wir werden späterhin auch bei der Betrachtung des Willens und des Gefühls denselben erkennen können. Was nun die Methode betrifft (die genetische), die er in allen seinen Untersuchungen anwendet, so ist darauf hinzuweisen, dass sie dem Wesen des erkennenden Denkens entsprechend ist. Das Denken leidet nach seinem innersten Triebe nichts fertig Gegebenes; es führt das Seiende in sein Werden zurück, erst dann hört das Seiende auf, uns „anzustarren" und wird in das Licht des Bewusstseins gezogen. [60]) Die Methode ist also aus dem Wesen des Denkens abgeleitet.

Der praktische Geist.

XV. Wie das Denken erst nach und nach reift, so tritt auch der menschliche Wille nicht sogleich in höchster Vollendung auf, sondern es zeigt sich eine stufenmässige Entwicklung.[1]) Dieser gehen wir jetzt nach. Das Begehren ist die Grundthätigkeit im Menschen, es erscheint als Trieb zum Dasein mächtig die Selbsterhaltung und Selbsterweiterung fordernd.[2]) Der Mensch folgt dem Trieb des Kreatürlichen, das nur sich will.[3]) Im Begehren ist der Mensch unfrei, insofern nämlich das Begehren die empfangenen Eindrücke und Vorschriften dergestalt bestimmt, dass sie ihm als Mittel dienen.[4]) Die egoistisch gewordenen Vorstellungen steigern die Kraft der Begierden, und die durch ihre Befriedigung hervorgerufene Lust stärkt sie bis zur Übermacht.[5]) In der Begierde will der Mensch geniessen, er ist auf dieser Stufe, wo der Wille ganz im Selbstischen steckt, ein **geniessendes Tier** (der einzige Unterschied liegt darin, dass das Tier nicht geniesst, sondern seinen Raub verschlingt).[6]) Selbstsucht ist das Wesen des Menschen, das bestätigen alle Menschenkenner, **Machiavell** und **Friedrich der Grosse** voran.[7]) Aus ihr fliessen die Affekte und Leidenschaften,[8]) sie sind „die unerbittliche Selbstsucht des natürlichen Menschen, der alles in sich zieht, um sich nur zu erweitern, und alles abstösst, um nur sich zu behaupten."[9]) Die Affekte heben das Gleichgewicht des Gemüts auf.*)[10]) Sie sind Energien des inneren Lebens und trotz ihrer Spannung leidende Zustände, keine Macht, sondern eine Ohnmacht des Geistes.[11])**) Sie halten den Willen sklavisch gebunden, sie sind „die Despoten und klügsten Sophisten" unseres Wesens.[12])***) Die Affekte sind unwahr, in ihnen verliert sich das richtige Mass der Vor-

---

*) **Kant,** Anthropologie S. 204: Affekte = Gemüthsbewegungen, wodurch die Fassung des Gemüts aufgehoben wird.
) **Spinoza, Eth. IV, schol. 17 U. ff.
***) **Spinoza,** Eth. IV, Vorrede.

stellungen.[13] Sie verzerren die edlen Erscheinungen des Lebens, verkehren „in selbstischen Spiegelbildern" alle Erkenntnis, sodass die Macht der Wahrheit gebrochen ist.[14] In der Leidenschaft entfremdet der Mensch sich selbst („sie setzt ihn aus dem Besitz seiner selbst"),[15] sodass er nicht thut, was er will, weshalb Plato mit vollem Recht sagt, sie seien furchtbar und voll Zwang.[16] In allen Begierden und Leidenschaften erkennt Trendelenburg eine durchgehende Richtung: Erweiterung des Eigenlebens und Befreiung von jedem Hemmnis. Wo das Streben nach Erweiterung des Eigenlebens sich erfüllt, da erscheint Lust,[17] sobald es befriedigt wird, springt Unlust hervor.[18] „In diesem Streben entsteht Menschen und Sachen gegenüber aus Lust und Unlust Liebe und Hass (im weiteren Sinne),*) und zwar insofern sie Lust oder Unlust in uns hervorbringen, sei nun diese Kausalität real (direkte Freundschaft oder Feindschaft) oder nur nach der notwendigen Ideenassoziation in der Vorstellung bestimmt (Sympathien und Antipathien). Schwanken, Hoffnung und Furcht. Wenn sie in Strebungen vorherrschen, Kühnheit und Kleinmut, Spannung, Sehnsucht. Diese unmittelbaren Beziehungen können sich durch Empfindungen, die wir in anderen haben, ausdehnen, wenn jemand unsere Freunde oder wenn jemand unsere Feinde mit Lust oder mit Unlust erfüllt. Im ersten Falle entsteht Gunst oder Ungunst gegen Dritte, verstärkte Liebe gegen Freunde. Die Grenze dieser Strebungen wird durch das Eigenleben bestimmt, damit nicht statt Gunst und Verstärkung der Liebe viel mehr Eifersucht und Neid entstehe. Im 2. Falle verhält sich Gunst und Ungunst umgekehrt." „Wenn nähere Affekte nicht hindern, so

---

*) Trendelenburg liess (meines Wissens Mitte der 60er Jahre) eine „Übersicht der Vorlesungen über Psychologie" drucken. (4 Oktavseiten). Aus ihnen zitieren wir wörtlich das Folgende, da sich in seinen Werken nur sehr Weniges findet, sodass eine Darstellung nicht möglich ist. Gern hätten wir aus seinem Manuskript die Lücke ausgefüllt, doch verbietet sich das aus dem S. 2 angegebenen Grunde.

können diese Beziehungen sich zur Mitempfindung dessen ausdehnen, was Menschen überhaupt mit Lust und Unlust erfüllt. Wir fühlen uns in ihnen als Menschen. Mitfreude, Mitleid, natürliches Wohlwollen." „Richtung der Ideenassoziation und des Urteils durch Liebe und Hass,*) Hochmut, Selbsttäuschung in Bezug auf uns, Überschätzung in Bezug auf Freunde, Verachtung in Bezug auf solche, welche wir hassen." „Andere sollen über uns Lust empfinden, damit wir daraus Lust empfangen. In verschiedenen Stufen und Richtungen Eitelkeit, Gefälligkeit, Leutseligkeit, Ehrgeiz. Aus der Vorstellung, dass sie über uns Lust empfinden, Selbstbefriedigung, Eitelkeit, Stolz; aus der Vorstellung, dass sie es nicht thun, oder über uns Unlust empfinden, natürliche Scham und Scheu, auch Reue." „Andere sollen lieben, was wir lieben, und hassen, was wir hassen. Unsere Affekte, unsere Meinung soll in den anderen sich selbst anhalten, daraus Herrschsucht in den Meinungen; Verdächtigung. Die Grenze dieser Richtung liegt da, wo der Gegenstand unserer Liebe ein ausschliessender Besitz ist. Sonst Missgunst und Eifersucht, Wetteifer." „Hass um Hass, Rache; Liebe um Liebe, Dank; Beschränkung von anderer Seite, Undank. Die schrankenlos wachsenden Affekte." „Affekte, wenn wir uns selbst mit Lust oder Unlust betrachten. Aus der Betrachtung dessen, was wir vermögen, Stolz; aus der Betrachtung unseres Unvermögens Scham, natürliche Demut; bei vergangenen Dingen, wenn wir glaubten, dass wir darin frei handelten, Reue. Diese Affekte richten sich nach der Ideenassoziation, welche auf uns führt. Die andere Seite des Stolzes, Glaube an das Fatum. Aus dem Neid und der Hoffnung Glaube an das Glück. Es erzeugen in uns Lust und Unlust, Hoffnung und Furcht aus der Kausalität der blossen Ideenassoziation Aberglaube, Glaube an die Vorbedeutung." „Wechselwirkung

---

*) Vergl. hierzu ob das über Richtung der Vorstellungen durch Begierden Gesagte.

verschiedener Affekte. Natürliche Grossmut. Bewunderung, Bestürzung. Wechsel der Affekte, z. B. Unlust auf Lust nach gestillter Leidenschaft, weil dann andere Ideenassoziationen des Eigenlebens entstehen. Wodurch die Leidenschaften wachsen oder abnehmen. Thätigkeit der Imagination." In diesen Ausführungen zeigt sich ein unverkennbarer Einfluss Spinozas; wer jemals dessen Ethik (Buch III) gelesen hat, erkennt sofort die grosse Abhängigkeit. Trendelenburg, welcher im Zweck den allmächtig herrschenden Weltbegriff fand,[18]) tadelt die „Misshandlung des Zweckes" bei Spinoza, welche sich in den Folgen schwer rächen werde;[19]) hier schliesst er sich ganz an Spinoza an und rühmt von ihm, dass er in unübertroffener Weise die leidenden Zustände und Affekte des Menschen in seiner Entstehung und furchtbaren Gewalt enthüllt und entwickelt habe.[20]) Dies Rätsel löst sich, wenn wir auf den Ausgangspunkt der Ableitung achten. Nach Trendelenburg gehen alle Affekte aus dem Streben nach Selbsterhaltung hervor. Mehrung oder Minderung unseres Seins ruft Lust oder Unlust — Liebe und Hass hervor. Auch für Spinoza liegt das Fundament darin, dass jedes Ding sich in seinem Sein zu erhalten trachtet (Eth. III, 6). Der Übergang zu grösserer oder geringerer Vollkommenheit erweckt in uns Freude oder Trauer (Eth. III, Des. 11). Verbindet sich damit die Vorstellung der äusseren Ursache, welche die Mehrung oder Minderung unseres Seins bewirkt, so zeigt sich Liebe und Hass (Eth. III, Def. 6,7). Trendelenburg findet in seiner Abhandlung über Spinozas Grundgedanken und dessen Erfolg, dass der Satz, jedes Ding strebe in seinem Sein zu beharren, erst bedeutungsvoll werde und Sinn habe, wenn man die Zwecke des individuellen Lebens voraussetze. Wenngleich Spinoza die Idee im Grunde der Dinge nicht anerkennt, so seien doch die Naturgesetze des Geistes (die Lehre von den Affekten) einer teleologischen Betrachtungsweise entsprungen.[21]) Indem also

Trendelenburg hier Spinoza den Zweckbegriff unterschiebt, fühlt er sich mit ihm eins, auf gleicher Basis stehend. Hieraus erklärt sich nun, wie es möglich ist, dass ihn so weitgehende Zustimmung mit Spinoza verbindet.

XVI. Wir haben gesehen, wie das Begehren das Leben des natürlichen Menschen[*] durchzieht und ihn im Selbstischen, im „süssen Naturgrunde"[22]) befangen hält, es fragt sich nun, wie der Mensch sich von diesem Zwange des Eigenlebens zu befreien vermag, wie er „adäquates Organ seiner Idee" werden kann. Diese Erhebung und Befreiung ist nur möglich durch das Allgemeine. Indem das Selbstische unter die Herrschaft des Allgemeinen kommt, dieses die Richtungen des Eigenlebens nach und nach durchdringt,[23]) wird das blinde Begehren zum Willen. Den Begriff des Allgemeinen fasst erst Trendelenburg in einem ganz äusserlichen Sinne. Die Gemeinschaft ist es zunächst, die zur Entwicklung des Menschen beiträgt; erst da kommt zum Vorschein, was aus dem voreinzelten Menschen nimmer herauskäme.[24]) Erst in der Gemeinschaft wird das Notwendige erkannt, erst in der Gemeinschaft wird Erziehung möglich, erst in der Gemeinschaft wird das Mitgefühl belebt, so dass das Eigengefühl eingeschränkt wird.[25]) So liegt denn schon in der Gemeinschaft ein Antrieb, aus dem Selbstischen herauszukommen; es gelingt aber erst dann völlig, wenn das Denken in die Entwickelung des praktischen Geistes eingreift. Erst wenn das Denken, dessen Wesen Allgemeinheit und Notwendigkeit ist,[26]) das Begehren durchdringt, wird es im eigentlichen Sinne Willen.[27]) Die Begierden und Affekte sind unwahr,[28]) sie verzerren die Dinge und ihre Beziehungen, so dass wir sie nicht auffassen wie sie sind.[29]) Durch das Denken aber erkennen wir die Prinzipien,[30]) das Allgemeine. Der Gedanke,

---

[*]) Die Bezeichnung natürlicher und geistiger Mensch, die sich bei Trendelenburg findet, erinnert an das paulinische „fleischlich und geistlich gesinnt sein".

der den Dingen der Welt zu Grunde liegt, wird erkannt und gewollt."[31]) Im natürlichen Menschen sind die Vorstellungen vom Begehren abhängig, im geistigen Menschen bestimmen aber die berechtigten Vorstellungen den Willen.[32]) Durch das Denken erfasst der Mensch vor allem auch den Gedanken im Grunde seines Wesens, die Idee des menschlichen Wesens. Wenn dieser Gedanke so mächtig ist, dass auf seinen Antrieb das Begehren handelt, dann ist der Wille erst in vollem Sinne Wille, dann ist er der gute Wille.[33]) Im Widerspruch mit selbstischen Begierden, unabhängig von sinnlichen Motiven, bestimmte dann der innere Zweck das Handeln.[34]) Die Idee wird das Treibende im Leben. Wo nun das Allgemeine herrscht, das immer ein Erzeugnis des Denkens ist,[35]) da zeigt sich Gesinnung, sie ist „Begehren des Allgemeinen im Eigenen und des Eigenen im Allgemeinen,"[36]) sie ist die „Hingabe und Beseitigung des Eigenwillens an den Willen der Vernunft."[37]) In der Gesinnung zeigt sich die Übereinstimmung des Eigenlebens mit dem Allgemeinen, ja selbst mit dem Göttlichen,[38]) der gute Wille ist bleibend geworden.[39]) Indem der Mensch so Organ seiner Ideen wird und sich in der Gesinnung über das Selbstische zum Göttlichen erhebt, zeigt sich die Macht der Religion.[40])*) Jede Religion wirkt auf die sittliche Gesinnung; sie stellt den menschlichen Affekt unter ein empfundenes Göttliches.[41]) Die sittliche Wirkung des Religiösen ist unbestreitbar, sie erweckt ein tieferes Mitgefühl für die Mitmenschen und veranlasst uns, ein gottgefälliges Leben zu führen.[42]) Durch die Erhebung des menschlichen Gemüts zum Göttlichen in der Religion werden wir auf den Begriff des Gewissens hingewiesen. Das Gewissen erscheint uns zunächst als rügende und strafende Macht.[43]) Nach vollbrachter That tritt in uns

---

*) Eine „Darstellung und Erörterung der religions-philosophischen Grundanschauungen Trendelenburgs" gab Voeck. Jenaer Inaug. Diss. 1888.

ein Wendepunkt der Ideenassoziation ein, die bisherigen Vorstellungen weichen und es kommen andere zur Herrschaft. Nach erfüllter That treten Gedanken hervor, welche den früheren scharf widersprechen und den Urheber der That im eigensten Innern anklagen. Da das sich bejahende Eigenloben nun wieder Gedanken treibt, welche die That vertheidigen, so zeigt sich eine ewige Unruhe.⁴⁴) Der Mensch ist im Gewissen auf sich selbst gestellt. Die Vorstellungen des ganzen Menschen thun Einsage gegen die Vorstellungen des selbstsüchtigen Teiles; in dieser Wirkung des Ganzen gegen die Teile liegt das Wesen des Gewissens.⁴⁵) Im Gewissen fasst sich der Mensch in seiner tiefsten Einheit, in seiner Idee, und da die Idee „der schaffende göttliche Gedanke" ist, so führt das Gewissen auf das Göttliche zurück. In diesem Sinne ist das Gewissen die göttliche Stimme in uns.⁴⁶) Obgleich der letzte Grund des Gewissens die ewige unwandelbare Idee des Menschen ist, so hängt es doch von vielen individuellen Beziehungen ab und ist damit mancherlei Täuschungen und Trübungen ausgesetzt.⁴⁷) Es kann darum die innere Selbstbeurteilung *) nur dann mit dem Namen Gewissen belegt werden, wenn diese Beurteilung von der aus dem Selbstischen in das Gute erhobenen Gesinnung bestimmt ist.⁴⁸) Wir wenden nun noch unsere Aufmerksamkeit auf Trendelenburgs Ansicht über die Freiheit des Willens. Im Gegensatz zu den Indeterministen, welche die unendliche Möglichkeit des Anderskönnen, ungebundene Willkür be-

---

*) Gewissen ist also nach Trendelenburg Selbstbeurteilung und nicht blos Klärung unserer Gefühle am Urteile dritter. Dass wir das Bestreben haben uns im Urteil anderer wiederzufinden und in dieser Abspiegelung Lust oder Unlust empfinden, betont Trendelenburg mehrfach, so K. 124, 479, 55, 59, aber dieses Messen am Echo fremder Meinung ist durchaus nicht das Wesen des Gewissens, da es uns doch Pflicht sein kann, im Gegensatz zu der Meinung anderer zu handeln. Hiermit steht Trendelenburg im Gegensatz zu Adam Smith, welcher meint, dass unsere sittlichen Gefühle in Bezug auf uns selbst (Gewissen) aus denen kommen, welche Andere in Bezug auf uns haben.

haupten und damit eine unwahre Freiheit lehren,[49] findet Trendelenburg das Wesen der wahren Freiheit in der Determination des Willens durch Gründe des Gedankens. In der Freiheit, dem Antriebe des Gedankens zu folgen und nur das erfasste Gute zum Beweggrund des Handelns zu haben, besteht die Freiheit des Willens.[50] Wenn Erkennen und Begehren, statt einander zu widerstreben, sich einmütig auf dasselbe Ziel richten,[51] das Begehren mit der Erkenntnis übereinstimmt, gewinnt der Mensch die rechte Macht über sich selbst.[52] Wenn der Mensch die Idee seines Wesens (den bestimmenden göttlichen Gedanken) erkannt und durch sie seinen Willen determiniert, so ist das keine Unfreiheit.[53] Das Will des Unbedingten ist das Soll des Menschen, der Mensch verwandelt das erkannte Soll wieder in ein Will, wenn er will, was er soll, wenn er will, was Gott will.[54] Wenn dann so der letzte Zweck unseres Wesens, die erkannte innere Bestimmung, den Inhalt unseres Willens ausmachen, so ist diese Unterordnung unter den letzten Zweck kein Zwang, sondern freier Wille.[55] Die sittliche Freiheit birgt zwar den Schein des Zwangs in sich, insofern nämlich der im Guten befestigte Wille „nicht anders handeln kann," aber dieser Zwang ist nur scheinbare Unfreiheit; die sittliche Freiheit besteht in dem Sieg über den Zwang des Eigenlebens.[56]

XVII. Der innere Zusammenhang dieser Ausführungen mit dem philosophischen System Trendelenburgs ist unschwer zu erkennen. Schon oben wiesen wir darauf hin, wie dem Begehren und damit auch dem Wollen Bewegung eignen muss, da sie ja Thätigkeiten sind, wir gehen hierauf nicht weiter ein, sondern wollen die Wirksamkeit des Zweckprinzips kurz beleuchten. Aus dem Begriff des Zweckes leitet Trendelenburg das Fundamental-Gesetz der Selbsterhaltung ab, als deren Konsequenzen die Begierden und Leidenschaften des natürlichen Menschen sich ergeben. Das

Denken greift ein,*) der innere Zweck, die Idee des Menschen wird erkannt. In der Übereinstimmung des Handelns mit dem Zweck entsteht der gute Wille; im Gewissen werden unsere Handlungen gemessen mit den Forderungen unserer Idee; die wahre Freiheit besteht in der Determination des Willens durch den inneren Zweck; mit dem Zweck wird die Beziehung zum Absoluten gegeben: kurz der Zweck ist allseitig wirksam.

Die Erhebung des Begehrens zum Willen ist, der genetischen Weltanschauung Trendelenburgs gemäss, eine Entwicklung von Stufe zu Stufe, der gute Wille ist nicht eingeboren, sondern wird allmählich erworben. Von verschiedenen Ansatzpunkten aus geschieht die Erhebung, aber in allen zeigt sich ein durchgehender Zug: das Allgemeine. Hieraus lässt sich vermuten, dass Trendelenburg genau so, wie er alle Affekte auf das Selbstische im Menschen, auf das Besondere gründete, auch alle Tugenden aus einem Grundgedanken konsequent abgeleitet hätte, und zwar aus dem Allgemeinen (aus der Idee). Eine solche Deduktion besitzen wir nicht, da Trendelenburg uns keine Ethik hinterlassen hat. Aus den obigen Betrachtungen über den Willen können wir das eine erkennen, Trendelenburg führt alles sittliche Handeln zurück auf das menschliche Wesen, was dem inneren Zwecke des Menschen entspricht, ist gut, ist ethisch.**) Darin hat Trendelenburg unbestreitbar recht,

---

*) Auch hier zeigt sich wieder ein Anklang von Spinoza. Dieser findet im intelligere die Macht über die Affekte.

**) U. II 161. „Was ferner dem inneren Zwecke des Menschenwesens gemäss ist oder widerspricht, wird durch den Charakter der Gesinnung und Freiheit zum Guten oder Bösen. Die Erkenntnis des Zweckes in seiner ganzen Beziehung wird Weisheit, die hingebende That desselben wird Liebe, das lebendige, persönliche Mass wird Besonnenheit, das Verhältnis des Gliedes zum Ganzen Gehorsam, die Wechselwirkung der Glieder innerhalb eines Ganzen Gerechtigkeit." Wenn hier auch nur einige Tugenden am inneren Zwecke gemessen sind, so zeigen uns doch diese Beispiele, in welcher Weise eine Ableitung möglich sei.

dass es keine andere Basis philosophischer Ethik geben kann, als das menschliche Wesen selbst, eine andere Sache ist es freilich, ob man das menschliche Wesen in einer Idee findet, die unserm Sein zu Grunde liegen soll, oder ob es sich als etwas anderes erweist.

Das Fühlen.

XVIII. Nachdem wir nun die Entwicklung des theoretischen und praktischen Geistes dargestellt haben, wenden wir unsere Aufmerksamkeit der Trendelenburgischen Lehre vom Gefühl zu. Das Gefühl erscheint am Eigenleben.[1]) Individuell zeigt sich in ihm die Kraft des Eigenlebens als gemehrt oder gemindert an,[2]) und diese Mehrung oder Minderung hat ihr Mass an den inneren Zwecken des menschlichen Wesens.[3]) Was mit diesen im Widerspruch steht, erscheint als Unlust, wenn aber das Entgegenstrebende gehoben ist und wenn etwas in Übereinstimmung mit dem vorausgesetzten inneren Zwecke geschieht, entspringt die Lust.[4]) Die Lust steht also mit der Selbsterhaltung, mit den sich verwirklichenden Zwecken des Eigenlebens in innigster Beziehung.[5]*) Das Selbst, das Ich (insofern nämlich in diesem der innere Zweck gewissermassen persönlich geworden ist) ist es, worauf sich das Gefühl bezieht, es erscheint als individuell im engsten Sinne,[6]) wir empfinden uns gleichsam als Punkt,[7]) es ist unsagbar.[8]) Die Lust ist der Sieg des naturgemässen Zweckes.[9]) Die höchste Lust entspringt da, wo der höchste Zweck siegt, d. i. der göttliche Gedanke im Grunde unseres Wesens.[10]) Hieraus erklärt sich Lust und Unlust des Gewissens: hieran finden wir auch das Mass, inwieweit die Lust in der Ethik eine Stellung finden kann.[11])

*) Hier zeigt sich wieder eine enge Anlehnung an Spinoza, welcher den Übergang zur grösseren Vollkommenheit Freude, zu einer minderen Vollkommenheit Trauer nennt. Vergl. Eth. III 11 ff.

Wie alle seelischen Thätigkeiten, so zeigt auch das Fühlen eine stufenweise Entwicklung.[12] Wir unterscheiden das Gefühl des Sinnlich-Angenehmen, des Schönen und des Erhabenen. Die Sprache bezeichnet oft schon das als schön, wo eine sinnliche Anschauung wohlthut, es zeigt sich da eine Übereinstimmung des Gegenstandes mit dem auffassenden Organ.[13] Durch die Gegenstände werden die Sinne zu Thätigkeiten angeregt, die eine Betriedigung hervorrufen, weil sie dem Organ angemessen sind.[14] Aber eine solche Harmonie der Sinne, in welcher bloss die Forderungen der Anschauung befriedigt sind, können wir noch nicht schön nennen [15] „Es reizt und mag reizend sein, aber schön ist es noch nicht, vielmehr nur sinnlich angenehm."[16] Im Sinnlich-Angenehmen zeigt sich nur eine Harmonie zwischen Gegenstand und auffassendem Organ, im Schönen verbindet sich damit zugleich die Übereinstimmung von Erscheinung und Begriff. Dies finden wir da, wo die Dinge einen Grundgedanken, eine Idee in sich tragen, die sie verwirklichen.[17] Wo wir wahrhaft Schönes haben, da haben wir eine Übereinstimmung des Gegenstandes in sich, Übereinstimmung mit uns und beide wieder unter sich übereinstimmend.[18] Die architektonische Schönheit, die Schönheit im Bau des Organischen weisen eine Harmonie des Zwecks der Sache und ihrer Form, eine Zusammenstimmung der denkenden Betrachtung und auffassenden Beschauung auf. In ihren Formen bringen sie die innere Bestimmung zur Anschauung und der innere Zweck bestimmt seine Erscheinung durch und durch.[19]*) So gründet sich

---

*) Wider Spinoza. Die Aufhebung des Zweckbegriffs bei Spinoza zeigt ihre Folgen. Trendelenburg fasst die Schönheit als den Ausdruck innerer Zwecke und somit ist sie dem Dinge wesentlich. Spinoza hält die Schönheit nicht für eine Eigenschaft der Dinge, sie sind weder schön noch hässlich. Schönheit ist nur eine Wirkung derselben auf die Beschauer. cf. II. III 37, Anm. 1: pulchritudo non tam objecti, quod conspicitur, est qualitas, quam in eo, qui conspicit, effectus. Adeo ut res in se spectatae vel ad Deum relatae nec pulchrae nec deformes sint. Spin. Op. omn. ed. Paul. epist. 58.

das Schöne im Wahren und das Wahre kleidet sich in das Schöne."[20]) Das Schöne findet sich erst dann in seiner edelsten Gestalt, wenn es die Gesinnung des Guten zum Ausdruck bringt.[21]) In der sittlichen Schönheit*) zeigt sich ein Zusammenstimmen des Schönen, Wahren und Guten in innerster Einheit: die vollendete Schönheit.[22]) Die innige Befriedigung, welche in der Anschauung des Schönen liegt, empfinden wir nicht in dem Erhabenen.[23]) In ihm tritt uns eine höhere Macht entgegen.[24]) Unsere Auffassungskraft versagt, wir stehen stumm bewundernd dem Grossen und Mächtigen gegenüber. Gefühle der eigenen Ohnmacht und Nichtigkeit, eine stille Furcht beschleicht uns.[25]) Dieser Unlust verbindet sich ein Wohlgefallen. Erschien im Schönen ein endlicher, übersehbarer Begriff, so zeigt sich im Erhabenen ein Unendliches und Unbedingtes als geistiger Grund der Erscheinung, eine Idee.[26]) Sie zieht den Geist zu sich hinauf: darin ist das Gefühl der Läuterung und Erhebung begründet, das dem Erhabenen eigen ist. Die Dissonanz ist aufgehoben durch die lösende Idee.[27]) Das Gemüt des Anschauenden befreit sich von der Unlust und dem Drucke, indem es die im Überlegenen erscheinende Idee erfasst.[28])

XIX. Wir haben schon mehrfach darauf hingewiesen, wie sich die metaphysischen Prinzipien in der Entwicklung der psychischen Thätigkeiten wirksam erweisen, wir müssen es auch hier wiederum thun. Im theoretischen und praktischen Geiste liess sich leicht die Bewegung nachweisen, im Fühlen scheint sie erloschen, zeigt sich doch hier tiefe Kon-

---

*) Ein Beispiel dieser sittlichen Schönheit ist Tizians Zinsgroschen. Beider, Christi und des Pharisäers Hand „ist so eigentümlich, dass sie nur zu dieser persönlichen Erscheinung und keiner anderen passt. Indem die knorrige Hand des Pharisäers wie im Gefühl unheimlicher und verschmitzter List das Geldstück mit dem Daumen an den Zeigefinger heftig anpresst und hastig dem Erlöser vorhält: so ist über Christi ablehnende Hand die Ruhe und Reinheit verbreitet, mit welcher er in jener Einfalt, die es nur im Guten giebt, die List löst." S. XXII. 279.

zentration. Das Seelenleben sei im Fühlen wie in einem Punkte zusammengedrängt, so sagt Trendelenburg — wie soll sich da Bewegung finden? Im Fühlen giebt sich die Harmonie oder Disharmonie kund, die zwischen einem im Denken erkannten Zwecke und der Verwirklichung desselben besteht und zwar bezogen auf das Eigenleben, auf das Ich. Das Gefühl charakterisiert sich durch dies Beziehen auf das Eigenleben, und in diesem Beziehen und Zusammenfassen im Eigenleben, im Ich, könnte nur das „Thätigsein" des Fühlens bestehen. Da sich aber nach Trendelenburg in jeglicher Thätigkeit Bewegung findet, so muss sie wohl hierin vorhanden sein, wenigstens ist mir unerfindlich, wie sie anders im Fühlen sich sollte entdecken lassen. Klarer tritt das Zweckprinzip hervor. Der Zweck ist das Mass der Gefühle; je nachdem, ob ein Zustand dem inneren Zwecke entspricht oder widerstreitet, erhält unser Fühlen die Richtung nach der positiven oder negativen Seite. Es ist das Wesen des Zweckes, die Vielheit, das Entzweite zur Einheit zu bringen, die Gegensätze zu vermitteln und in Übereinstimmung zu setzen. Daher wird das Fühlen — soll es als Ausdruck eines Zweckes erscheinen — Harmonie und Disharmonie anzeigen: Lust und Unlust. Wir sehen deshalb auch in der weiteren Entwickelung des Gefühls immer von Trendelenburg das Moment der Übereinstimmung so stark hervorgehoben. Die Gegensätze (Ding und Organ, Gegenstand und Begriff, Anschauung und Idee) sind überwunden. Hierbei zeigt sich eine Steigerung. Im Sinnlich-Angenehmen erscheint die Beziehung noch äusserlich: der Gedanke, der dem Organe zu Grunde liegt, und der Gegenstand, der es in zweckentsprechender Weise reizt, sind sich doch eigentlich fremd. Das Verhältnis ist schon viel innerlicher, wo sich, wie im Schönen, der Zweck dem Gegenstande selbst eingebildet hat. Es ist eine Harmonie innerhalb der Sache. Das Schöne ist dann nicht abhängig von dem zufälligen Zusammentreffen eines geeigneten Organs und eines entsprechenden Gegenstandes, sondern es erscheint dann als etwas Objektives; der innere Zweck als objektiv scheint dem Schönen eine objektive Geltung zu verbürgen (im Gegensatz zu Spinoza). Im Erhabenen wird die Übereinstimmung noch bedeutsamer. Die Erscheinung erweckt in uns Unlust, die erst durch die Erfassung der Idee überwunden wird. Das Bedingte weist über sich selbst hinaus und rastet erst im Unbedingten. Indem wir in der Erscheinung den unbedingten weltdurchdringenden Gedanken erkennen, werden wir hingewiesen auf Gott — auf die letzte Einheit.

Wenn wir bei Trendelenburg, nachdem er im allgemeinen das Wesen des Gefühls erörtert hat, in der weiteren Entwickelung nur die ästhetischen Gefühle berücksichtigt finden, so muss uns dies befremden,*) denn mit demselben Rechte müssten auch die intellektuellen, moralischen, religiösen Gefühle u. s. w. Beachtung gefunden haben. Dass sich auch hier die Lust als Zeichen der Übereinstimmung hätte darthun lassen, ist sicher.**)

Das Individuum in Wechselwirkung mit der Natur und mit der geistigen Welt.

XX. Trendelenburg hat in einer gedruckten Übersicht den Plan festgestellt, nach welchem er seine Vorlesungen über Psychologie hielt. Es ist deutlich erkennbar, wie die genetische Methode (welche allein ein „System im vorzüglichen Sinne"[1]) hervorbringt) die ganze Anordnung durch-

---

*) In der gedruckten Übersicht wird nur noch der Lust am Lächerlichen gedacht. Hierzu finden sich in seinen Werken keine Belege.
**) Die moralischen Gefühle hätten die Übereinstimmung von innerem Zwecke und dem Handeln angezeigt u. s. w. Vergl. hierzu H. III 204, wo auf die Eigentümlichkeit der einzelnen Lustempfindungen hingewiesen wird.

dringt. Die Psychologie hebt mit der Betrachtung des Seelenbegriffs nach Inhalt und Umfang an (I. Hauptteil). Dann wird gezeigt, wie sich das Seelenleben in den psychischen Thätigkeiten verwirklicht — die Entwicklung des Denkens, Wollens, Fühlens (II. Hauptteil*). Der Mensch ist aber nicht Selbstzweck, er ist ein Glied des Ganzen. Zur vollen Entwicklung des menschlichen Wesens gehört die Wechselwirkung, in welcher das Individuum zu Natur und Kultur steht (III. Hauptteil). Diesen Schlussteil zur Darstellung zu bringen, ist schwierig, in Trendelenburgs Werken ist hierzu nur weniges beigebracht. So sehr auch unser Interesse gerade hierfür rege ist, wir müssen uns bescheiden, da hier nur eine objektive Darstellung Trendelenburgischer Anschauungen, aber keine Erörterung darüber, wie er es sich vielleicht hätte denken mögen, zu geben ist. Was nun das Verhältnis von Individuum und Natur betrifft, so würden hier folgende Punkte zu erörtern sein**): eine kurze Hindeutung auf die solarischen, lunarischen, tellurischen Einflüsse auf unser geistiges Leben; ferner die psychologischen Unterschiede der Geschlechter,***) Lebensalter mit ihren Konsequenzen; Temperament; Charakter; Traum; Seelenkrankheit, Physiognomik. Günstiger steht es mit dem Abschnitt über „das Individuum und die geistige Welt". In gedrängter Kürze finden wir die Grundgedanken in Trendelenburgs Naturrecht (§ 35 ff.).

Der Mensch ist ein Wesen der Gemeinschaft.²)†) In die menschliche Gemeinschaft wird er hineingeboren, er wird Glied des Staates, Glied der in der Geschichte sich entwickelnden Menschheit. Der Mensch ist ein historisches Wesen,

---

*) In dieser Abh. ist der II. Hauptteil in mehrere Abschnitte zerlegt, welche den übrigen Teilen koordiniert wurden.

**) Nach der gedruckten Übersicht.

***) Bezügl. der Geschlechtsunterschiede einige Hinweise N. 277.

†) Aristoteles: ζῶον πολιτικόν. — Unus homo nullus homo. Vergl. auch Spinoza Eth. IV, 18: homini igitur nihil homine utilius etc.

er wird in der geistigen Substanz einer Geschichte geboren und auferzogen, er wird von ihr genährt und setzt sie wiederum fort. Er wird stets bestimmt durch das, was hinter ihm liegt, durch die Geschlechter der Familie, Geschichte des Volkes, Kultur des Staates[3] u. s. w. Diese Determination durch die sich objektivierende Vernunft ist nicht Unfreiheit, sondern führt zur wahren Freiheit. In der Gemeinschaft stellt sich das dar, was in der Idee des Menschen liegt. Die aufeinanderfolgenden Geschlechter zeigen eine wachsende Verwirklichung der Idee des Menschen; erst in der Menschheit wird der Mensch zum Menschen, d. h. zum adäquaten Organe seiner Idee.[4] Der Mensch erfüllt sein Wesen, wenn er will, was er soll, wenn er seine Idee selbstbewusst verwirklicht.[5] Insofern nun die Idee der dem menschlichen Wesen zu Grunde liegende schaffende göttliche Gedanke ist, zeigt sich eine Beziehung zum Göttlichen. So führt uns denn die Betrachtung der Entwicklung des menschlichen Seelenlebens bis an die Schwelle der Ethik und Religion.

Die Darstellung der Psychologie schliesst mit dem Hinweise, dass der Mensch nach zwei Seiten hin wirkt, von zwei Seiten auf ihn gewirkt wird: Natur und Kultur. Das Individuum gehört beiden zu. Dieser Mittelstellung des Menschen entspricht nun auch die Stellung, welche Trendelenburg der Psychologie im System zuweist: sie bildet den Mittelpunkt. „In der Psychologie enden alle Probleme der Natur, da sie in der Seele ihre Lösung suchen, von der Psychologie gehen alle Probleme der geistigen Welt aus, da diese in der menschlichen Seele ihre zarten und mächtigen Keime hat."[6] Diese Stellung ist in der ganzen organischen Weltansicht Trendelenburgs begründet.[*] In der Natur wirken Zwecke, diese wirken zunächst blind und unbewusst. In der menschlichen Seele zeigt sich der Höhepunkt der Natur, da ist der

---
[*] Im Organischen sieht er den Übergang von der Natur zum Geiste, in ihm sei eigentlich der Geist schon mitten inne. Vgl. U. II 108.

innere Zweck bewusst. In der aufsteigenden Stufenreihe der Wesen steigt die Bedeutung des inneren Zweckes. Wir sehen, wie sich der Begriff des Selbst immer reicher entfaltet, wie die Bewegungen, die Thätigkeiten auf das Selbst zurückbiegen, reflexive sind,*) bis schliesslich im Denken das Selbst selbst erkannt wird. In der menschlichen Seele wird der Gipfelpunkt erreicht, der immanente Zweck ist ein gewusster. Eins bleibt hierbei rätselhaft, wie es möglich ist, dass ein Gedanke zu sich kommt, d. h. bewusst wird. Was treibt gerade diesen und diesen Zweck an, zur Selbsterkenntnis, zum Bewusstsein zu kommen — und viele andere, die sich in der Natur verwirklichen, nicht? Und selbst wenn sich hierauf eine Antwort finden liesse, so drängt sich uns ein Bedenken auf, das noch schwerer wiegt. Ist es überhaupt möglich, denkbar, dass sich das Bewusstsein aus dem Unbewussten entwickelt? Der bewusstlose Zweck, der die ganze Natur durchdringt, wird Erklärungsgrund für unser Seelenleben. Dass das Bewusstsein so allmählich in der kontinuierlichen Reihe der organischen Wesen aus dem Unbewussten heranreife, ist ein Gedanke, der uns fremd anmutet, den wir nicht teilen können.

Die Psychologie erscheint als letztes Glied des Organischen — insofern es sich hier um sich verwirklichende innere Zwecke handelt; sie wird Grund der Ethik, indem der bewusste Zweck hervorbricht. Trendelenburg nennt die Psychologie die Basis der Ethik.⁷) Der sich in der Natur blind verwirklichende Zweck wird in der Ethik gewollt,**) d. h. bewusst und frei vollzogen. Wie sich der natürliche Mensch zum sittlichen heranbildet, das zeigt die Psychologie; welches aber das Wesen des Sittlichen ist, ist Sache der Ethik. Wie die Ethik, so stehen auch die anderen Wissen-

---

*) Vergl. oben die Entwickelung des Seelenbegriffs.
**) Durch den Zweck ist die Natur mit der Ethik verbunden. U. II, 103.

schaften in Beziehung zur Psychologie, wir haben oben gesehen, wie sich aus der Entwicklung des Gefühls die Prinzipien der Ästhetik ergaben, wie die Prinzipien des Denkens die metaphysischen Prinzipien des Seins aufwiesen; weiter hierauf einzugehen, liegt ausserhalb unserer Aufgabe.

Trendelenburg im Verhältnis zu Herbart und Hegel.

XXI. Trendelenburg sieht in der organischen Weltansicht das Prinzip für alle Philosophie der Zukunft gefunden, weil sie darin seit Plato und Aristoteles ihre grosse und fortgesetzte Vergangenheit habe.¹) Alle Philosopheme, welche sich nicht diesem „grossen Gedankensysteme der Menschheit" einfügen, bezeichnet er als sprunghafte, vergängliche Ansätze zum Philosophieren auf eigene Hand, durch welche die Philosophie an „Bestand, Grossheit und Gemeinschaft" einbüsse.²) Ein solcher Abspliss, losgerissen von der Einen Philosophie, ist auch Herbarts System. Der Gegensatz liegt klar zu Tage. Herbarts Pluralismus, der einzelne für sich bestehende Reale lehrt, deren Gemeinschaft nicht zu ihrem Wesen gehört und innerlich begründet ist, sondern durch äussere Einwirkungen geschaffen wird, indem sie durch Störungen erst in Beziehung zu einander treten, widerstreitet dem ganzen Philosophieren Trendelenburgs, bei dem alles — der organischen Ansicht gemäss — auf eine letzte Einheit hindrängt und der im Unbedingten, im Absoluten das letzte Prinzip erkennt, welches die Vielheit zur Einheit bindet.³) Dieser Widerstreit in der Grundanschauung muss sich notwendiger Weise in der Psychologie widerspiegeln; denn jede Psychologie muss den Seelenbegriff, ohne welchen sie ja zu einer blossen Phänomenologie herabsinkt und sich verflacht, der Fundamentalphilosophie entlehnen. Dies haben auch Trendelenburg und Herbart erkannt, und da beide die Metaphysik für die grundlegende philosophische Disziplin ansahen, so haben sie ihren Seelenbegriff rein aus metaphysischer Spekulation genommen. Die hierdurch bedingte Abhängigkeit der Psychologie von der Metaphysik bestätigen sie selbst, Herbart bezeichnet sie als den ersten der drei Teile der angewandten Metaphysik⁴)*) und Trendelenburg behauptet, dass die einzelnen Wissenschaften ihre nährenden Wurzeln in der Metaphysik haben, nur auf ihrem Grunde könne sich Psychologie als Wissenschaft vollenden,⁵) eine Annahme, die zum Widerspruch reizt. Scheint es doch richtiger zu sein, nicht durch metaphysische Spekulation, sondern durch erkenntnistheoretische Untersuchungen den Seelenbegriff festzustellen, sodass nur die auf diesem Wege gewonnene Auffassung vom Wesen der Seele Ausgangspunkt wissenschaftlicher Psychologie sein kann.

Herbart bestimmt die Seele als ein einfaches, einheitliches Wesen, nicht irgendwo, nicht irgendwann. Diese Seelenmonas ist völlig bestimmungslos, sie hat keine ursprüngliche Fähigkeit, weder etwas zu empfangen, noch zu produzieren, keine Vorstellungen, Gefühle, Begierden. Sie ist in ihrem Was völlig unbekannt und bleibt es stets,⁶) kurz sie ist ebenso bestimmungslos wie das Kantische Ding an sich, sie wird zu einem Nichts. Dieser vernichtenden Konsequenz entgeht Trendelenburg. Das Was der Seele wird uns verraten, sie ist ein Zweckgedanke und damit ist ihre Existenz gesichert, denn niemand wird einen Gedanken für ein Nichts, für etwas Existenzloses erklären. Dabei ist aber zu beachten, dass ein Gedanke als Bedingung seiner Existenz ein Subjekt voraussetzt, das ihn denkt. Wir verzichten jetzt auf jene Konsequenz und wollen Herbart zugestehen, die Seele sei ein solches Reales, so tauchen doch sofort weitere Bedenken

---

*) Man beachte auch den Titel seines psychologischen Hauptwerkes: Psychologie als Wissenschaft neu gegründet auf Erfahrung, Metaphysik und Mathematik.

auf. Die verschiedenen Realen sollen zu einander in Beziehung treten, eines stört das andere, jedes sträubt sich gegen diese Störungen und sucht sich zu erhalten.[7]) Wenn nun aber jedes Reale weiter nichts ist als absolute Position, schlechthinige Setzung, wie kommt es dann zu gegenseitigen Störungen. Einmal ist gar nicht einzusehen, warum die einzelnen Realen sich gegenseitig stören, statt friedlich, unbekümmert um die anderen, in ihrer Ruhe zu verharren, ferner ist unerfindlich, wie sich solche unräumliche Wesen überhaupt stören können, und endlich, wie kann ein Reales, das ohne jede Selbstthätigkeit ist, ein anderes Reales, das ohne jede Empfänglichkeit ist, stören, dies ist und bleibt rätselhaft. Nach der Begriffsbestimmung der Herbartschen Realen ist man geneigt, zunächst die Seele als einen toten, leblosen Punkt zu denken, auf alle Ewigkeit zur Inhaltslosigkeit verdammt, bis man schliesslich erfährt, dass Störungen eintreten. denen gewissermassen als Antwort Selbsterhaltungen folgen u. s. w. Ohne dass man irgend einen Grund dafür finden kann, wie es überhaupt zu Störungen kommt, sieht man plötzlich in dem Seelenrealen psychisches Leben entstehen. Nicht mit Unrecht wirft Trendelenburg Herbart vor, dass er einen Seelenbegriff aufstelle, der wider alle Erfahrung sei.[*]) Es ist sicher und gewiss gegen alle Erfahrung, dass es eine Seele ohne alles psychische Leben gebe. Darin liegt ein schwerwiegender Fehler Herbarts, dass er sein Seelenreales als ein Konkretum erklärt, während es doch höchstens Abstraktum sein könnte. Dem gegenüber hält Trendelenburg an dem Grundgedanken fest, dem auch wir vollständig beistimmen: wo Seele ist, da ist Konkretes. Ein solches leeres Seelenreales, wie es Herbart behauptet, giebt es nicht. Wenn Trendelenburg die Seele einen Zweckgedanken nennt, so liegt schon in dieser Wesensbestimmung angedeutet, dass die Seele nicht regungslos ist. Wo ein Zweck erscheint, will er etwas; wo Seele ist, zeigt sich ein

Streben. Einen Inhalt hat also die Seele stets: die Pflanzenseele ein Streben nach Nahrung, die Tierseele ein Streben nach Lust, die humane Seele ein Streben nach Erkenntnis u. s. w.*) Wir enthalten uns jetzt des Urteils, ob man der Seele als ursprünglichen Inhalt Streben beilegen darf, nur dies eine gilt es festzustellen: Trendelenburg kennt keine (leere) inhaltlose Seele.

Schon oben wiesen wir darauf hin, dass der Begriff der Störung doch seinen eigentlichen Sinn habe auf dem Gebiete des Raumgegebenen; wenn Herbart auch Unräumlichkeit der Seele behauptet, so denkt er sie doch heimlich räumlich. Diese Meinung wird verstärkt, wenn wir erfahren, dass die Selbsterhaltungen gegen Störungen „innere" Zustände sind, denn „inneres" bezeichnet doch immer ein räumliches Verhältnis.*) Macht man wirklich Ernst mit der Herbartischen Lehre, lässt man Reale gelten, welche sich „berühren", innere Zustände haben u. s. w., so kann man sich die Seele nur als materielles Wesen denken. Und dieser Konsequenz ist auch die Herbartische Schule nicht entgangen.**) Auch Trendelenburg entgeht dem Vorwurf nicht, dass in seiner Auffassung sich Kryptomaterialismus birgt. Er involvierte der Seele Bewegung. Aus der Bewegung fliesst notwendig, als ihre ersten Erzeugnisse, Raum und Zeit. Wenn nun dem Denken ebenso ursprünglich Bewegung angehört als dem Sein und zwar der Art nach dieselbe Bewegung, so müssen die aus der Denkbewegung entstandenen Vorstellungen

---

*) „Innerhalb" und „ausserhalb" sind der Raumanschauung entstammende Begriffe. Vergl. Schuppe, Erk. theor. Logik. Bonn 1878. S. 30 ff. Wenn Störungen „innere" Zustände im Seelenrealen bewirken, dann kann man sich das Herbartische Reale nicht anders als irgendwie räumlich bestimmt vorstellen Erst wenn eine Umgrenzung des Realen angenommen wird, kann von einem innen und aussen die Rede sein.

**) Neuerdings nachgewiesen von Rehmke, die Seelenfrage. Zeitschrift für Psychol. u. Physiol. d. Sinnesorgane, Band 2, 180 ff. Hamburg und Leipzig 1890.

ebenso räumlich sein, als die aus der realen Bewegung entstandenen Dinge, von denen er ausdrücklich lehrt, „soweit sie aus Bewegung entstanden sind, tragen sie den Raum wie ein eigentümliches Erbteil an sich."[10]) Das wäre doch wohl ein artbildender Unterschied, wenn die reale Bewegung wirklichen Raum erzeugte und die construktive nur die Vorstellung des Raumes. Wenn Trendelenburg ausdrücklich behauptet, dass die construktive Bewegung wirkliche Bewegung sei, und nicht blos Vorstellung davon, dann kann man auch den „Raum des Gedankens" nicht blos als eine metaphorische Bezeichnung auffassen. Der Spiritualismus Trendelenburgs erhält einen materialistischen Zug durch die constructive Bewegung. Dies zeigt uns weiterhin auch folgende Überlegung. Wie Trendelenburg selbst zugesteht, genügt Bewegung nicht allein, die Materie zu erklären, vielmehr setzen wir immer Materie voraus, wenn wir die Bewegung fassen wollen.[11]) Wenn nun die reale Bewegung notwendiger Weise ein Substrat fordert, das sich bewegt: Materie, so muss doch auch die konstruktive Bewegung ein Etwas haben, an dem sie sich zeigt, und dieses Etwas, was da bewegt würde, können wir uns doch nicht anders denken, als etwas Materielles. Wäre die ideale Bewegung des Geistes substratlos, dann wäre sie nicht dieselbe wie die reale; da aber Trendelenburg ausdrücklich lehrt, sie ist derselben Art, dann müssen wir auch für sie ein Substrat fordern. Ist also die konstruktive Bewegung Bewegung eines Etwas, und ist diese Bewegung weiterhin „Anfang und Bedingung alles Denkens,"[12]) dann ist der Materialismus unleugbar und diese Konsequenz zeigt grosse Ähnlichkeit mit der Lehre jener, welche das Denken für eine Bewegung der Hirnmolekeln halten.

Mit Herbart kommt Trendelenburg in dem Gedanken überein, dass sich die reiche Mannichfaltigkeit unserer psychischen Erscheinungen auf eine Grundthätigkeit zurückführen lasse. Welcher der psychischen Erscheinungen das Prinzipat zukomme, darüber sind sie verschiedener Meinung, der eine entscheidet sich für das Begehren, der andere für das Vorstellen. Herbart lehrt, die Akte der Selbsterhaltungen gegen Störungen seien die Vorstellungen.[13]) Wie sich die Realen untereinander stören, so hemmen und klemmen sich auch die Vorstellungen, suchen sich aufzuarbeiten u. s. w.: diese Zustände derselben sind dann Gefühle und Strebungen.[14]) Eine solche mechanische Auffassung ist Trendelenburg fremd. Die Seele ist ein Zweckgedanke, der sich verwirklichen will. Es liegt in dieser Auffassung vom Wesen der Seele begründet, dass Trendelenburg im Begehren die Grundthätigkeit erkennt. Wo ein Zweck erscheint, will er etwas;[15]) Streben, Begehren kommt jedem Zwecke zu, also auch der Seele als Zweckgedanke, und es wird somit innere, ursprüngliche Thätigkeit gesetzt.

Durch den Widerstreit auf metaphysischem Gebiete sahen wir von vornherein eine gegensätzliche Auffassung vom Wesen der Seele bedingt. Die Grundanschauungen beider Philosophen sind zu verschieden, als dass sie gemeinsamen Weg haben könnten. Die Divergenz ihrer Ansichten zeigt sich nicht nur in den grundlegenden psychologischen Lehren, sondern naturgemäss auch in den weiteren Ausführungen. Es liegt uns fern, hierauf näher einzugehen.

XXII. Gegen das Hegelsche System zeigte Trendelenburg schon frühzeitig eine starke Abneigung,*) die er auch späterhin mehrfach in längeren kritischen Auseinandersetzungen begründet hat.**) Wenn er sich auch hierin nicht direkt gegen die Psychologie Hegels ausgesprochen hat, so

---

*) Schon als Student i. J. 1824 schrieb er an seinen Vater: „Ich selbst bin von seiner (Hegels) Ansicht, soweit ich sie kenne, ein entschiedener Gegner". bei Bratuscheck. A. Tr. Berlin 1873. S. 39.

**) Die dialektische Methode. U. I, III. ferner: Tr., die logische Frage in Hegels System. Leipzig 1843.

hat er doch auch auf diesem Gebiete seine Gegnerschaft offen bekannt, indem er mit freudiger Zustimmung die „scharfe und geistreiche Schrift" Exners rühmt, welche „siegreich" im Kampfe der Meinungen das Feld behaupte.[16]) Vergleichen wir nun die psychologischen Lehren Trendelenburgs mit denen Hegels und seiner Schule, so zeigt sich überraschender Weise eine Übereinstimmung in vielen und nicht unwesentlichen Punkten. Zunächst weisen beide der Psychologie dieselbe Stelle im System an und zwar zwischen Naturphilosophie und Ethik (Lehre vom objektiven Geiste). Beide betrachten den Geist nicht als ein Fertiges, sondern als etwas, das sich entwickelt.[17]) Diese Entwicklung geschieht in Stufen, das sind Darstellungen steigender Vollendung, in denen die höhere Stufe die niedere in sich als aufgehoben enthält.[18]) Beide erblicken im animalischen Leben das höchste, was die Natur hervorbringt; hier zeigt sich zwar noch kein selbstbewusstes Ich, aber doch eine solche Konzentrierung, dass man wenigstens von einem Selbst sprechen kann.[19]) Wo wir von Leben reden, finden wir die Mannigfaltigkeit äusserer Organe durch einen immanenten Zweck fortwährend ideell gesetzt. Der Organismus ist von der Seele durchdrungen.[20]) Seele wird auch hier ausdrücklich erklärt als die Entelechie eines organischen Körpers.[21]) Der Geist ist kein Produkt der Natur, vielmehr ihr Grund; sein Begriff resultiert aber aus dem Begriffe der Natur.[22]) (Tr.: Seele, der Erscheinung nach Resultat, ihr Wesen Prinzip). Die Entwicklung der Intelligenz vollzieht sich nach Hegel in den 3 Stufen Anschauung, Vorstellung (nach-, ein- und vorbildend) und Denken,[23]) welches sich darauf richtet, in dem Objektiven sich selbst zu finden und damit das Wesen der Dinge zu erkennen[24]) (Tr.: den Gedanken im Grunde d. Dinge, die Idee erfassen). Die Entwicklung des Willens ist darauf gerichtet, dass er vernünftiger Wille werde (Tr.: vom Gedanken durchdrungenes Begehren). Anfangs determiniert durch particulare

Bestimmtheiten[25]) (Tr.: der natürl. Mensch, der nur sich will) zeigt sich erst später wahrer, freier Wille; da ist Wissen und Wollen in engster Einheit, nicht zufällige Maximen, sondern erkannte Vernünftigkeit determinieren ihn dann.[26]) (Tr.: der geistige Mensch.) Diese Ausführungen, die sich leicht erweitern liessen, mögen genügen, um die behauptete Übereinstimmung nachzuweisen. In wieweit diese abhängig ist von einem gemeinsamen Einfluss der aristotelischen Philosophie, von der beiderseitigen Anerkennung des Zweckbegriffs und etwaiger anderer Einwirkungen ist hier nicht der Ort zu untersuchen, vielmehr müssen wir dem trennenden Momente unsere Aufmerksamkeit zuwenden: der Methode.*) Die dialektische Methode Hegels will wie die genetische Trendelenburgs eine Entwicklung darstellen, aber es zeigt sich ein eingreifender Unterschied, was auch von beiden Parteien klar erkannt ist. Die dialektische Methode, sagt Erdmann, ist von der genetischen wesentlich verschieden.[27]) Sie zeigt wie der Geist immer vollständiger und richtiger **gedacht werden muss** und also wie er **in Wahrheit ist**. Der immanente Fortgang im Begriff ist demnach auch die Entwickelung der Sache, sodass also mit der Erkenntnis des dialektischen Prozesses zugleich das „Geheimnis der Erzeugung der Dinge" enthüllt sein soll. Dass es unmöglich ist, aus dem reinen Denken eine Erkenntnis der Welt zu gewinnen, ist unbestreitbar. Es ist auch der Hegelschen Schule nicht gelungen, lediglich aus dem reinen Denken ihr System abzuleiten, sondern, wie Exner und Trendelenburg unwiderleglich nachgewiesen haben,[28]) hat sie oft der Empirie entlehnt, was sie oft als eigenes, selbsterzeugtes Gut anpreist. Dieses Aufgenommene verarbeitet sie mit, was Wunder, dass

---

*) Eine Kritik der Tr. Kritik der dialekt. Methode giebt Sohr, „Tr. und die dialekt. Methode Hegels", In.-Diss., Halle 1874, der ich mich aber nicht in allen Punkten anschliessen kann.

dann die Dialektik der Erfahrung zu entsprechen scheint, besonders da man auch durch eine willkürliche Anwendung der dialektischen Methode nachzuhelfen versucht. Trotz alledem vermag sie aber nicht der Erfahrung gerecht zu werden, vielmehr zeigt sich, dass das Gegebene bis zur Unkenntlichkeit verunstaltet wird.[29]) Diesem Vorwurf entgeht die genetische Methode, sie will die Bedingungen des Entstehens der Sache, die Genesis der Dinge nachweisen. Dabei beachtet sie nicht blos die veranlassende äussere Ursache, denn diese ist stets, wie die Sache selbst, ein Einzelnes und bezieht sich nur auf eine einzelne Thatsache,[30]) sondern sie will die Entwicklung aus den Gründen verstehen,[31]) das sind Ursachen in das Allgemeine erhoben.[32]) Das Denken soll die Dinge auffassen als Erscheinungen des thätigen Grundes. Es soll also die Erfahrungswelt, wie sie uns geboten wird, aufgenommen und dann auf ihre Prinzipien zurückgeführt werden. Wenn nun auch diese letzten Prinzipien, Bewegung und Zweck, von Trendelenburg dogmatistisch aufgenommen sind (keineswegs haben sie die Gleichgiltigkeit, die er ihnen zugesteht), so benützt er sie doch nicht, um in hochfliegenden Spekulationen einen kühnen Gedankenbau aufzurichten, sondern immer sucht er sich mit dem thatsächlich Vorliegenden auseinanderzusetzen. Im Trendelenburgischen Philosphieren wirkt ein empiristischer Zug, er selbst sagt, man dürfe die Beziehungen nicht abschneiden, die ins Reale zurückführen,[33]) und das Denken müsse immer in der Auffassung der Erscheinungen dem Zwange des Gegebenen folgen.[34]) Trendelenburg sucht immer für sein spekulatives Denken ein Mass an der Erfahrung, und darum bezeugen alle seine Ausführungen die Gewissenhaftigkeit seines Forschens und den Ernst seiner wissenschaftlichen Arbeit. Mit Bitterkeit spricht sich Exner über die Psychologie der Hegelschen Schule aus, er findet in allen ihren Werken als durchgreifendsten Charakterzug „ein loses Spiel mit leeren Begriffen, welches hier und da selbst zur Faselei wird."[35]) *) Einem solchen geradezu vernichtenden Vorwurf kann Trendelenburg nie verfallen. Bei aller Zustimmung in vielen, zum Teil grundlegenden Punkten, wie die Auffassung der Seele als Entelachie u. s. w., mussten die divergierenden Methoden eine weitgehende Spaltung zeigen. Die dialektische Methode Hegels schuf auch für die Psychologie ein Prokrustesbett, in das sich die Erfahrung einzwängen sollte, und damit wurden dem Irrtum alle Thore geöffnet. Die genetische Methode Trendelenburgs hingegen legt auf gründliche Erfassung des thatsächlich Vorliegenden grossen Wert und sucht den wirklichen Verhältnissen möglichst gerecht zu werden, wenn auch gegen seine Grundanschauungen reichliche Bedenken sich ergeben, so zeigen doch die Ausführungen eine Menge feinsinniger Bemerkungen. Ausser diesem Grundgebrechen der Psychologie Hegelscher Schule, dass sie die Erfahrung so völlig vernachlässigt, kann man noch mancherlei Mängel aufdecken: es fehlt eine zusammenhängende Darstellung des Gefühlslebens, die Wechselwirkung des Individuums mit Natur und Geistwelt ist an den Anfang der Psychologie gestellt, statt an das Ende u. s. w. Auch diesen und ähnlichen Rügen entgeht die Darstellung Trendelenburgs.

Zur Kritik.

XXIII. Gegen die Psychologie Trendelenburgs, nach eigenem Mass gemessen, lässt sich zunächst wenig einwenden. Wir haben schon oben an geeigneten Stellen den inneren Zusammenhang hervorgehoben, der zwischen den psycho-

---

*) Wie berechtigt diese Verurteilung ist, mögen einige Beispiele, die sich reichlich vermehren lassen, beweisen:

„Das Individuum lebt sich zu Tode." „Weil, was lebt, sich ablebt, deswegen heisst der Tod Ableben." Erdm. § 62.

„Der Embryo stirbt durch den Tod der Mutter oft, die Frau durch den des Mannes selten oder nie." ibid. § 34.

logischen Ausführungen und den metaphysischen Grundanschauungen besteht. Da diese den gemeinsamen Grund abgeben, so zeigen auch jene unter sich Widerspruchslosigkeit. Die Einheit innerhalb der Psychologie sowohl, als auch die Einheit mit der Fundamentalphilosophie, d. i. die Einhei. der Logik und Metaphysik,[1]) hat Trendelenburg gewahrtt Aber gerade dagegen, dass er die Psychologie auf metaphysische Prinzipien gründete, dass er den Seelenbegriff rein metaphysisch aufgenommen hat, statt ihn durch erkenntnistheoretisch-logische Begriffsanalyse zu gewinnen, müssen wir uns wenden. Wir sahen schon, welch unliebsame Konsequenzen sich ergaben; die konstruktive Bewegung brachte eine Hinneigung zum Materialismus, andererseits liess uns der Zweckbegriff im Stich, als es sich um die wichtige Frage handelte, wie es denn komme, dass manche Zweckgedanken es zum Bewusstsein brächten und andere nicht. Es war gar nicht zu ersehen, wie die sich bewusstlos verwirklichenden Zwecke Grundlage sein sollen für auftretendes Bewusstsein. Wollte man darauf hinweisen, dass es eben in den Zweckbegriffen selbst liege, dass die einen zum Bewusstsein kämen, die anderen aber nicht, so ist doch klar, dass ein solcher Hinweis auf den Inhalt der Zwecke uns nicht befriedigen kann. Nur dann wäre es gerechtfertigt, den Seelenbegriff aus metaphysischen Prinzipien abzuleiten, wenn solche Bedenken unmöglich wären und wenn vor allem die Prinzipien unzweifelhaft feststünden. Dies ist aber keineswegs bezüglich der Bewegung und des Zweckprinzips der Fall. Wenn wir unsere Reflexion auf die Zustände und Veränderungen unseres Bewusstseins lenken, also auch aufs Denken, so finden wir doch bald, dass dieselben nicht Bewegungen in dem Sinne genannt werden können, wie wir von Bewegungen in der Natur reden. Da bedeutet sie doch unzweifelhaft Ortsveränderung, und dass sie diesen Sinn nur auf dem Gebiete des Raumgegebenen haben kann und nicht auch da, wo es sich um ein Unräumliches, wie unser Bewusstsein zweifellos ist, handelt, ist doch klar. Wenn wir von Denkbewegungen, Gemütsbewegung u. s. w. reden, dann gebrauchen wir das Wort Bewegung nicht in seinem eigentlichen Sinne, sondern nur in übertragener Bedeutung, als Metapher. Was nun das Zweckprinzip anlangt, so erheben sich auch Zweifel. Ist der Zweck wirklich ein „Faktum der Welt", wie Trendelenburg behauptet? Er will den Thatbeweis erbringen, indem er uns auf die Welt des Organischen hinweist. Wir werden aber nie daselbst den Zweck herausanalysieren, wenn wir ihn nicht mitbringen und zuvor hineindichten. Die Betrachtung der Organismen lehrt uns ihre Bildungsgesetze kennen und zeigt die Notwendigkeit im Naturgeschehen. Wir mögen die Bedingungen verfolgen von Glied zu Glied und der endlose Rückgang wird uns den Gedanken einer ursprünglichen Thatsächlichkeit nahe legen, aber auf den Zweck als ein wirkendes ens metaphysicum stossen wir nicht. Wollte man uns soweit nachgeben und die Giltigkeit der wirkenden Ursache bis an dieses Ende zugestehen und dann darauf hinweisen, dass doch in dieser letzten Thatsache der Zweck wirksam sein müsse, sonst wäre nicht diese ganze Entwicklung der Organismen möglich gewesen, so müssen wir ihn auch hier zurückweisen; denn wir müssten sofort einen Transcensus vollziehen und ein zwecksetzendes Subjekt annehmen. Dass eine Wirkung Ursache ihrer selbst sei, also der Zweck causa sui wäre, ist ein Ungedanke. Der Zweck weist stets auf ein Subjekt hin, von dem er ausgeht. Bei Erzeugnissen unseres Wirkens wenden wir den Zweckbegriff an und er erhält sein Mass an uns. Dürfen wir aber die Natur betrachten wie ein Kunstwerk, als eine Verleiblichung eines Zweckgedankens? Dieses wäre eine anthropomorphe Betrachtung der Welt. Wenn der Gedanke eines schaffenden, zwecksetzenden persönlichen Wesens Voraussetzung des Philosophierens wird, dann wird die Philosophie zur Theosophie. Der Zirkel liegt klar zu Tage. Der Zweck scheint zum Transcensus zu zwingen, dringend auf das Absolute hinzuweisen, und dies doch nur deshalb, weil man mit dem objectiven Zweck zugleich ein transcendentes, zwecksetzendes Subjekt vorausgesetzt hat. Das transcendentale Ideal ist uns aber nur „aufgegeben", nichts darf daher zum Princip der Weltbetrachtung gemacht werden, das das Aufgegebene als ein Gegebenes in sich schliesst. (Vergl. Kant.) Wenn wir die Forderungen unseres Gemütes unberücksichtigt lassen und nur den theoretischen Interessen folgend, voraussetzungslos die Welt betrachten, so finden wir in der Natur unbeschränkte Herrschaft der wirkenden Ursache. Der Zweck als „Faktum der Welt" ist nicht erweisbar.

Ein Seelenbegriff, auf solch zweifelhafte Prinzipien sich gründend, ist unhaltbar. Eine nähere Prüfung wird uns dies zeigen. Beseelung finden wir nach Trendelenburg da, wo Leben ist. Die Seele ist ein immanenter Zweck, immanente Zwecke wirken in den Organismen, solange diese belebt sind, d. h. sie sind das Lebensprinzip selbst. Da nun das organische Leben am Stoffwechsel erkannt wird und mit diesem erlischt, so wird also der Stoffwechsel zum Kriterium der Beseelung gemacht. Eine einzige Frage deckt den Irrtum auf. Schreiben wir uns deshalb Seele zu, weil sich in unserem Körper fortwährend Stoffwechsel vollzieht? Sicherlich nicht, sondern doch nur aus dem Grunde, weil wir denken, fühlen, wollen, weil wir uns als Bewusstsein wissen. Einzig und allein darum, weil wir bewusste Wesen sind, erkennen wir uns als beseelt, es ist also wider alle Erfahrung, wenn der Stoffwechsel Kennzeichen dafür sein soll. Wenn Trendelenburg im engsten Anschluss an Aristoteles darauf hinweist, dass sich ein innerer Zweck (also Seele) ausser in der Assimilation auch in der Fortpflanzung kund giebt, so ändert dies an unserer Kritik nichts, denn ebensowenig wie vom Stoffwechsel werden wir von der Fortpflanzungsfähigkeit aus einen Schluss auf unsere Seele machen.

Da nun die Pflanzen ebenso Stoffwechsel zeigen wie Menschen und Tiere und sich auch fortpflanzen, so gesteht ihnen Trendelenburg auch Beseelung zu. Dagegen erheben wir Einspruch Jeder kennt zunächst nur sein eigenes Seelenleben, und erst durch einen Schluss gelangt er zu der Annahme, dass andere Menschen gleich beseelt seien, weil ihre Körper gleiche Veränderungen zeigen als der eigene Leib bei den verschiedenen psychischen Zuständen. Aus eben diesem Grunde erkennen wir den Tieren Beseelung zu, wenigstens den höher organisierten. Da zeigen sich gewisse Leibesveränderungen, welche auf bestimmte Bewusstseinszustände schliessen lassen. Bei den Pflanzen fehlt uns aber jede Analogie, wir finden nichts in ihren Lebensfunktionen, was einen Schluss auf Bewusstsein gestattet. Es ist demnach entgegen aller Erfahrung, wenn Trendelenburg die Pflanzen für beseelt erklärt. Wir kennen Seele nur aus eigenster innerer Erfahrung und finden, dass Seele gleich Bewusstsein ist. Die Behauptung, dass die Pflanzen eine Seele hätten, freilich eine unbewusste, ist abzuweisen. Hätte Trendelenburg nicht auf metaphysische Prinzipien seinen Seelenbegriff gestützt, sondern denselben der Erfahrung entnommen, dann würde er nie die Existenz bewusstloser Seelen behauptet und den Pflanzen zugeschrieben haben. Durch die Identifizierung von Seele und innerer Zweck ist aber die Definition so weit geworden, dass sie auch das Pflanzenreich in sich schliesst. Trendelenburg erklärt die Seele für das formende Prinzip des Leibes; demnach muss es also an der Seele liegen, dass dieser ein Riese und jener ein Zwerg, der eine normal gebaut und der andere missgestaltet ist. Eine solche Annahme widerspricht aber der Erfahrung, wir finden nie unser Bewusstsein als Ursache unserer leiblichen Bestimmtheiten, sondern suchen doch stets die Bedingungen in äusseren Verhältnissen. Wäre die Seele immanenter Zweck, d. h. Entwicklungsgesetz, Bildungsgesetz organischer Wesen, dann müsste ein verkrüppelter Leib auf mangelhaftes Seelenleben schliessen lassen, und doch birgt sich oft in einem elenden Körper ein reicher und tiefer Geist. Wäre der Körper eine Verleiblichung der Seele, die Darstellung derselben, dann müsste der Leib ein Massstab sein für die Seele. Dies können wir nicht zugestehen. Das Zusammen von Seele und Leib kennen wir als ein einzigartiges, nirgends finden wir eine Analogie, nirgends ein ähnliches Verhältnis wie zwischen Bewusstsein und dem Leibe, in dem es sich findet. Die organische Weltansicht fasst dieses Verhältnis falsch auf, sie findet es dadurch charakterisiert, dass eine Einheit sich zeige, in welcher der „eine Faktor der höhere und herrschende, der andere der äussere und darstellende" sei. Ein solches Zusammen zeigt sich vielfach. Trendelenburg erklärt z. B. die Einheit von organischer Thätigkeit und dem Organe selbst (Sehen und Auge), die Einheit „der geistigen Vorstellung und des sinnlichen Lautes" im Worte für ein genaues Abbild des Verhältnisses von Seele und Leib.[2]) Es widerspricht den thatsächlichen Verhältnissen, dieses eigenartige Zusammen von Seele und Leib als einen Typus anzusehen, der sich in der organischen Welt u. s. w. vielfach vorfindet.

Das Ergebnis des bisher erörterten ist kurz folgendes: Trendelenburgs Auffassung vom Wesen der Seele können wir nicht teilen, denn es zeigen sich Konsequenzen, welche dem widersprechen, was wir aus innerer Erfahrung von der Seele kennen. Gegen die Annahme, dass die Seele ein Zweckgedanke sei, sprechen ferner auch die Schwierigkeiten die sich dann bezüglich des Todes u. s. w. ergeben. Wir übergehen deren Erörterung, denn diese Fragen haben weniger ein psychologisches als vielmehr ein religionsphilosophisches Interesse, da diese Einwände auf einer Beurteilung des eigentümlichen mystischen Verhältnisses beruhen, welches sich zwischen Seele und göttlichem Wesen ergiebt, wenn Seele als Zweckgedanke und damit als Zustand göttlichen Bewusstseins bezeichnet wird.

XXIV. Die Einheit des Seelenlebens will Trendelenburg dadurch erklären, dass er den verschiedenen psychischen Thätigkeiten eine gemeinsame Grundthätigkeit unterlegt: das Begehren. Wir bemerkten schon oben, dass er zu dieser Annahme wohl mit durch seine Begriffsbestimmung der Seele gedrängt worden sei. Sie ist ein Zweckgedanke, der sich selbst verwirklicht, damit wird ihr von vornherein ein ursächliches Moment zugeschrieben, sodass also auch leicht das ursächliche Bewusstsein als Grundthätigkeit erscheint. Hierzu kam wohl noch die Forderung, dass sich auch diese Grundthätigkeit in den vegetativen Seelen zeigen müsse. Den Pflanzen Denken und Fühlen zuzuschreiben, war nicht möglich, für das Begehren fand sich ein Ausweg: sie ernähren sich — sie streben nach Assimilation.³) Hätten die Pflanzen wirklich ein Streben (wenn mit diesem Worte ein seelischer Zustand bezeichnet wird), dann hätten sie auch Gefühle und Gedanken, denn ein Streben, das nicht zum Motiv ein Lust- oder Unlustgefühl hat und das nicht durch eine Vorstellung vom Erstrebten geleitet würde, ist undenkbar. Es muss also Trendelenburg entweder den Pflanzen Gedanken und Gefühle zuschreiben, und davon ist er weit entfernt, oder er muss ihnen das Streben (als seelischer Zustand) absprechen, und dann wäre es nicht Grundthätigkeit alles seelischen Lebens, da es ja Seelen ohne diese gäbe. Betrachten wir das menschliche Seelenleben, so behauptet auch hier Trendelenburg, das Begehren sei die Grundthätigkeit, und sucht dies dadurch zu beweisen, dass er die Abhängigkeit des Denkens und Fühlens vom Begehren recht scharf hervorhebt und in den Vordergrund stellt, gleichwohl räumt er aber selbst ein, dass auch dieses von jenen bestimmt werde. Ja, er schreibt sogar selbst folgendes: „Die Zustände der Seele, die sich auseinander entwickeln, spinnen sich ineinander hinein." ⁴) · Treffender kann die innige Verflechtung unserer Bewusstseinszustände nicht charakterisiert werden. Wo bleibt aber das Begehren als Grundthätigkeit, wenn so deutlich die volle gegenseitige Abhängigkeit zugestanden wird? Es giebt keine Grundthätigkeit. Wo Bewusstsein auftritt, da zeigt es sich notwendig in den drei Bestimmungen des Denkens, Fühlens und Wollens. Eine wenn auch nur im ersten Augenblicke blos begehrende Seele ist ebenso undenkbar wie eine nur fühlende und eine nur denkende. Die geforderte Einheit des Bewusstseinslebens ist demnach anderweit zu erklären. Wir finden sie begründet in der Identität des Ichmomentes und in der Coincidenz aller psychischen Erscheinungen in diesem Ich. Trendelenburg weist darauf hin, wo Seele sei, da gewinne der Begriff des Selbst seinen eigentlichen Sinn erst; die psychischen Thätigkeiten seien reflexive, auf das Selbst zurückklingende. Von diesem Punkte aus hätte er eine Erklärung der Einheit des Seelenlebens versuchen sollen, dann würde er sich unserer Anschauung genähert haben.

Bezüglich der einzelnen Seelenthätigkeiten können wir uns kurz fassen. Richtete sich unsere Kritik des Seelenbegriffes besonders auf das Zweckprinzip und wurden aus diesem die Schwächen abgeleitet, so wenden wir uns bei einer Beurteilung der Trendelenburgischen Lehre vom Denken vor allem gegen die konstruktive Bewegung. Trendelenburg hängt dem irreführenden Grundsatze an, Ähnliches werde durch Ähnliches erkannt. Da nun unzweifelhaft alles Geschehen der äusseren Natur Bewegung ist und wir diese Bewegung erkennen, so lag der Schluss nahe, dass im Erkennen Bewegung sei. Wir wiesen schon darauf hin, dass alles psychische Geschehen zur Ortsveränderung, die Seele zu einem Raumgegebenen wird, sobald man Denken für Bewegung erklärt. Es kann hier nicht der Ort sein, den erkenntnistheoretischen Standpunkt Trendelenburgs einer eingehenden Prüfung zu unterziehen und zu widerlegen, wir müssen ihn aber doch mit wenigen Worten berühren. Die Sinne sollen uns ein Bild im Gegensatz gegen das Objekt geben, was wissen wir aber denn von einem Objekte, da wir doch nur durch die Sinne Beziehungen zur Aussenwelt haben, also überhaupt nur Bilder. Sie sollen uns Formen, losgelöst von der Materie, bieten; es kann sich doch niemand Formen ohne Erfüllung vorstellen, irgend eine qualitative Bestimmung, wie Färbung u. s. w. haben wir doch stets dabei. Durch die Imagination soll uns das Bild „eingebildet" sein, es soll bleibendes Eigentum des Geistes werden (hierauf wird die Möglichkeit des Gedächtnisses gegründet), dann ist also der „Raum des Gedankens" ein Bildersaal, in dem bald dieses, bald jenes Bild an den günstigsten Platz gehängt wird. Die Aufmerksamkeit soll Vorbedingung alles Denkens sein. Sie ist die Richtung auf den Gegenstand, der erst später ergriffen wird. Wir kennen aber doch auf psychischem Gebiete keine objektlose Thätigkeit. Wie es kein Fühlen ohne einen Inhalt, kein Wollen ohne solchen giebt, so auch kein Denken, das nicht Denken von etwas wäre. Aufmerken ist gegenständliches Bewusstsein, es ist nie ohne ein Etwas da, das Objekt des Aufmerkens ist. Zu solchen irrigen Meinungen kam Trendelenburg durch die Annahme, dass Denken und Sein zwei scharf geschiedene Welten seien. Sein ganzes Streben war auf einen Monismus gerichtet, er wollte eine letzte, alles umschliessende Einheit erweisen, und doch blieb er im Dualismus stecken, die Materie blieb ihm ein letzter, unbegriffener Rest, ein Problem, weiterer Untersuchung bedürftig. Es gelang ihm nicht, die geforderte Einheit zu gewinnen.

Wenn wir uns ablehnend gegen Trendelenburg verhalten, so wäre es doch ganz falsch, dahinter eine „Säure der Gesinnung" zu wittern. Wer Trendelenburgs Schriften studiert, wird sicherlich, wenn er sich nicht mit Fleiss dagegen verschliesst, mit Hochachtung vor dem sittlichen Ernst, dem Adel der Gesinnung erfüllt werden, der auf jeder Seite uns entgegentritt. Die Weltanschauung Trendelenburgs ist Zeugnis seines edlen Charakters. Hätte Trendelenburg nicht so fest in der aristotelischen Philosophie gewurzelt, hätte er Kant mehr auf sich wirken lassen und die Grenzen beachtet, welche der Königsberger Philosoph der Metaphysik setzte, sein System wäre dauernder geworden, sein Einfluss ein bleibender und grösserer.

Belegstellen.

Einleitung.

1) Eucken, Beiträge zur Gesch. d. neueren Philos. S. 135. — Bonitz, F. A. Tr., Abh. d. Berl. Akad. 1872. 2) Log. Untersuch. Leipzig 1870. 3. Aufl. = U. Naturrecht. Leipzig 1868. 2. Aufl. = N. Historische Beiträge. Band 2. 3. Berl. 1855. 67. = H. Kleine Schriften. Leipzig 1871. = S. 3) Über die Grundthätigkeit im Seelenleben. Über die Vereinfachung der sog. Gesetze der Ideenassoziation. 4) U I 267. 5) N 26. 6) N 20. 7) U II 461. 8) U II 510. 9) H II 25.

Der Seelenbegriff.

1) U II 97. 534 u. a. m. 2) H II 29. 3) H II 25. 6. 4) U I 146. 5) U II 230. 6) U II 96. 7) U II 97. 96. vergl. auch 143/4. 8) U II 97. 9) U II 95. 10) U II 96. H III 104. 11) U II 97. 12) U II 96. 13) U II 95. 14) N II 110. 15) U II 97. 16) Kym, Weltansch. u. deren Konsequenzen. Zürich 1854. Vergl. auch U II x 3. 17) H II 4. U II 248. 18) U II 97. 19) U II 105. 20) U II 106. 21) N 43. U II 106. 110.

22) N 62. 23) U II 106. 24) U II 14. 25) H III 201 203.
26) U II 104/5. 27) U II 27. ff. 28) U II 98. 29) U I 99.
II 467. 30) U II 510. 31) H III 185.

Die Einheit des Seelenlebens.

1) U I 134. 2) H III 103. 3) H II 29. U II 157. 4) U
II 500. 5) H III 119. U II 44. 6) U I 238. 7) U II 229.
8) N 67/8. 9) H III 205. 10) U I 342. 11) N § 35. 64.
12) N § 22. H III 211. H III 205. 13) N § 22. H III 208.
14) N 43. 15) U II 102. H III 203. 16) U II 102. 17) U
II 103. 18) ibid. 19) U I 326. 20) U II 211. 479. 21) U
I 327. 22) U II 18/19. 23) U II 100.

Der theoretische Geist.

1) U II 447/8. 2) U II 178. 3) Eucken, Heft. 4) U II
13/14. 5) U I 335. 109. 6) U I 237. 7) U I 239. 8) U II
523. 9) U II 527. 10) U II 521. 11) ibid. 12) U II
519/22. 13) U II 522. 14) U II 524. 15) U I 271. 16) U
II 524 ff. 17) U I 109. 18) U I 135. 19) U I 238. 20) U
I 252. 21) U I 274. 22) H III 218. 23) U I 252. 24) U
I 338. U II 243. 25) H II 43. U II 413. 26) Heft. 27) U
II 70. 28) U II 413. 29) H III 1. 30) U I 387. 31) H
III 1. 32) U II 14. 33) H III 2. 34) U I 382. 35) H III 2.
36) ibid. N 44. 37) U I 387. H III 3. 38) H III 3. 39) U
I 135. 40) U I 99. 135. 41) S. o. Kap. XII. 42) U II 178.
43) U I 220. 44) II 178 ff. 227. 45) U II 186. 46) U II
71. 47) U II 468. 48) ibid. 49) U II 468. 50) U I 152 ff.
51) U II 219. 52) U II 525. 53) U I 150. 54) U II 532.
55) U I 143. 56) U II 71. 57) U II 508. 58) U II 537.
59) U I 99. 60) U I 220.

Der praktische Geist.

1) U II 113. H III 207. 209. 2) N 43. 47. 49. H II 347.
3) N 48. 4) N 49. 57. 5) N 49. 6) N 28. 7) S I 48.
8) H III 209. 9) N 49. 10) N 51. 11) N 52. 69. 12) N
51. 13) N 69. 14) N 51. 15) N 69. 16) N 49. 17) H III
204. 205. 18) U II 16. 19) U II 44. 20) H II 79. 21) H
II 82. 83. 22) H II 111. 23) N 43. 24) N 43. 25) N 49.
26) U II 110. 27) U II 109. N 135. 28) N 69. 29) U 532.

30) U II 241/2. 31) U II 109. 32) N 49. 33) U II 111. 34) ibid. 35) N 37. 36) N 53. 37) N 50. 38) ibid. 39) H III 198. 40) N 55. 41) N 3. 89. 42) N 3. 88/9. 43) N 57. 44) N 58. 45) N 60. 531. 46) N 60. 47) N 61. 531. 48) N 35. 59 ff. 49) N 69. 70. 50) U II 111. 51) S 278. 52) U II 109. 53) N 69. 70. 54) N 25. 55) H III 207. U II 112. 56) N 70.

Das Fühlen.

1) H III 115. 116. 204. 2) H III 115. 119. 3) H III 116. 119. 202. 205. 4) N § 41. H III 208/9. 5) H III 204. 6) H III 197. 7) H III 204. N 27. 8) H III 116. 9) U II 510. 10) H III 206. 11) Vgl. H III, IV 2. 12) S. Niobe. Kölner Dom. 13) U II 160. 14) S 272. 273. 15) S 276. 296. 16) S 276. 17) ibid. 18) S 297. 19) S 278. 20) S ibid. 21) S 278/9. 22) S 280 23) S 281. 24) S 282. 310. 25) S 281. 310. 26) S 282. 27) S 283. 28) S 310.

Das Individuum in Wechselwirkung mit Natur und Geistwelt.

1) U II 446. 2) N 44/5. 3) N 44. 4) N 43. 5) H III 201. 261. 6) Trendelenburg, Erläut. z. d. Elem. arist. Logik. Berlin 1842. S. XIV. 7) H III 191.

Trendelenburg im Verhältnis zu Herbart und Hegel.

1) N Vorwort VIII. 2) U Vorw. VIII. IX. 3) U II 461 ff. 508 ff. 4) Herbart, Lehrb. zur Psych. = Lb. Vorrede. 5) H III 97. 6) Lb § 150/53. 7) Lb § 154. 8) H III 101. 9) H III 103. 10) U I 170. 11) U I 267. 12) U I 327. 13) Lb § 155. 14) Lb § 33. 15) U II 157. H II 29. 16) U I 92/3. 17) Erdmann, Grundriss der Psychologie, Leipzig 1873 = E § 3. 5. 18) E § 8. 19) E § 9. 20) E § 14. 21) E § 14 Anm. 2. 22) E § 6. 23) E § 95. 99 ff. 24) E § 110. 111. 25) E § 128. 26) E § 167. 27) E § 4. 28) Exner, Die Psychologie der Hegelschen Schule, Leipzig 1842/4. = Ex 107. U I, III 6. 29) Ex 108. 30) U II 179. 31) U II 446. 32) U II 179. 33) U II 515. 34) U II 529. 35) Ex 108.

Zur Kritik.

1) U I 11. 14. 2) U II 527. 3) H III 103. 4) U I 342

Vita.

Ich, Ernst Edmund Hoffmann, wurde geboren am 8. Oktober 1862 zu Grossenhain, woselbst mein Vater Oberlehrer war. Nach Erfüllung der gesetzlichen Schulpflicht trat ich in einen praktischen Beruf ein, den ich aber nach 3 Jahren aufgab, um Lehrer zu werden. Ich besuchte das Seminar für ältere Schulamtsaspiranten zu Grimma und bestand daselbst Ostern 1885 die erste Lehrerprüfung. Ich fand bis Ostern 1886 Anstellung als Vikar in Reichenbrand und darauf als Hilfslehrer in Grossenhain, woselbst ich auch nach bestandener Wohlfähigkeitsprüfung ständiger Lehrer wurde. Michaelis 1888 gab ich diese Stellung auf und studierte bis Ostern 1892 an den Universitäten Zürich, Jena und Greifswald. Ich besuchte die Vorlesungen bez. Seminare und Übungen folgender Herren:

In Zürich: Avenarius, Kym, Hunziker, Stein, Kroyenbühl, Meyer von Knonau, Stoll, Egli.

In Jena: Eucken, Liebmann, Lorenz, St. Stoy, Rein, H. Stoy, Pierstorff, Semon.

In Greifswald: Schuppe, Rehmke, Ulmann, Cremer, Schlatter, von Nathusius.

Allen diesen Herren bin ich zu Dank verpflichtet, im besonderen aber den Herren Prof. Dr. Schuppe und Rehmke, Hofrat Professor Dr. Eucken und Dr. St. Stoy, welche in wohlwollendster Weise meine Studien förderten.

Thesen.

1. Die Thatsache, dass man sich niemals eine Vorst
davon machen kann, dass kein Raum sei, und das
in Ansehung der Erscheinungen überhaupt die Zeit
nicht aufheben kann (Kant, Kritik der reinen Ve
§ 2,₂ und § 4,₂) beweist nicht, wie Kant meint, die
rität der Raum- und Zeitanschauung.
2. Die Schlüssigkeit im Syllogismus beruht nicht au
sumtion des Untersatzes unter den Obersatz.
3. Religion und Moral sind untrennbar.
4. Pädagogik ist als Wissenschaft (Allgemeingültigke
dernd) nur möglich, wenn sie aus dem Begriff und ¹
des Bewusstseins deducierbar ist.
5a. Im Geschichtsunterricht ist der progressive Gan
naturgemässe, der regressive darf demnach nur ver(
Anwendung finden.
  b. In Volksschulen ist die Anordung des geschicht
Unterrichtsstoffes in konzentrischen Kreisen nic
empfohlen.